開往龍目島的慢船

目錄

03 峇里島

04 龍目島

05 吉利群島

推薦序

大理古城 Ciao Guesthouse 創辦人　喬安

很久沒讀書了，過去幾年，我一直潛心習讀跟研究實踐身心靈的哲學與修行。幾乎隔絕了一切除此以外的書籍閱讀。即便旅行也非純粹意義上的旅行，總是以學習為目的。上周接到文捷的信息，說想邀我為她的書寫序，我幾乎沒做任何思考就答應下來。一則是為文捷開心，給她的書寫序是義不容辭的。二則我在身心的領域想有一個喘息，呼吸一些其他的空氣，讓我對這個世界的認識更多元。

果真，剛開始讀起這本書，我還有一些陌生感，因為實在有很長時間沒有讀遊記散文類的書籍了。但當我決定潛心讀起來時，跟著文捷細膩、生動，詳盡的筆觸，我慢慢地也開始了一段獨特，盡心盡興的旅行。閱讀本書一如我當初認識的她一樣，文捷本人樂觀融合，思維敏捷，熱情卻又感情細膩。她的各種特質至今都時常在心底觸碰我。拿到樣書後的一天，我抱著電腦去公司，在一個兩小時的工作空檔，我特意選中樓下一極意人稀被綠樹環繞的小花園，在長椅上調整最舒適伸展的坐姿，那一刻鳥兒鳴唱，清風拂面，我充分享受著。這是一個小小的儀式，是對那位懂得充分享受旅途和生活點滴的好友的致意。也是刻意準備好，讓這本書帶領我沉浸在她一段段精彩的旅途之中，體驗著另一個鮮活勇敢的生命去碰觸世界不同的地方，跟不同的人連接。這樣的體驗帶我去到一個美妙的真空地帶，連我眼前的生活似乎也都在起著微妙的變化。

我跟文捷於 2012 年在大理相識，一如認識時的那般，在一間有著溫暖色調和暖木系的八人間混合宿舍，我在黃昏外出歸來的一個午後，進門見到新旅人入住，文捷很自然的跟我打招呼和交換一些大理行程的簡單資訊。立馬對這位真實灑脫，樂觀融合的台灣女孩產生很大的親近之感，接下來的兩個月裡，我們幾乎分享了一大半的時間在一起做各種有趣的嘗試跟新奇的體驗。她是旅途中十分難得的好伴侶，熱心又樂於分享。

幾年間，文捷從世界各地發來短信，時常也可以從她的部落格讀到她熱呼呼的遊記，總是讚嘆。本書收集了文捷 2015 年在泰國與印尼的遊記，文捷的筆觸真實細膩，情感流動，一如實際跟著她旅行體驗。她那看待事物所獨有的清晰與樂觀，時時帶給身邊的人和讀者連連驚喜與啟發。不管已經在路上的還是未啟程的讀者，像本書的開頭，文捷說的那樣，最棒的事就是前進！這與我在心靈修行的旅程是一致的感受，最重要的是前進，去往未知，無限！也祝願你，每一位讀者，無論你走在生命的哪一條道路或處於哪一塊領域，讓我們前進，不為到達何處，而只為前進，出發！

Chapter 01

曼谷

Drugs

安全著陸

當飛機的高度低到可以看見曼谷廊曼機場的高爾夫球場時，我徹底鬆了一口。

那時我想最大的風險莫不過就只是被高爾夫球砸中，馬航去年的那些神秘失蹤、被飛彈擊落與及落海等我都避開了。是的，我還活著。不過，為什麼泰國要把高爾夫球場設在機場旁呢？貪圖比別家航空便宜一半的結果，就是換來一路的忐忑不安。儘管到曼谷有很多廉價航空可以選擇，但若像我這般臨時訂機票，時間不充裕還是難逃亞航這一項。出發前我對自己說：「該發生的就會發生，逃也逃不掉。」不過，看來我沒有自己想像得堅強。

曼谷有許多令人難以理解的事情，往市區的A1巴士上，車掌小姐在行進中的車上拿著鐵桶邊收錢邊給票。她在擁擠的車內緩緩經過一位又一位的乘客，從前門至後門，如履平地。我敬佩車掌小姐的平衡感，但我更想知道她為什麼不在旅客上車前就先收錢給票，而非要等到車子開動後，車子發動前她明明就很閒。

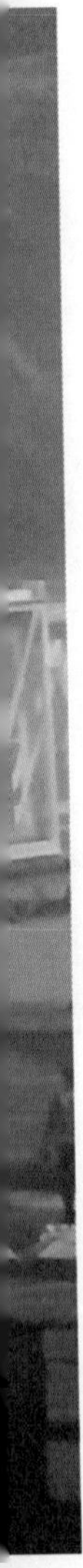

廉價航空亞航

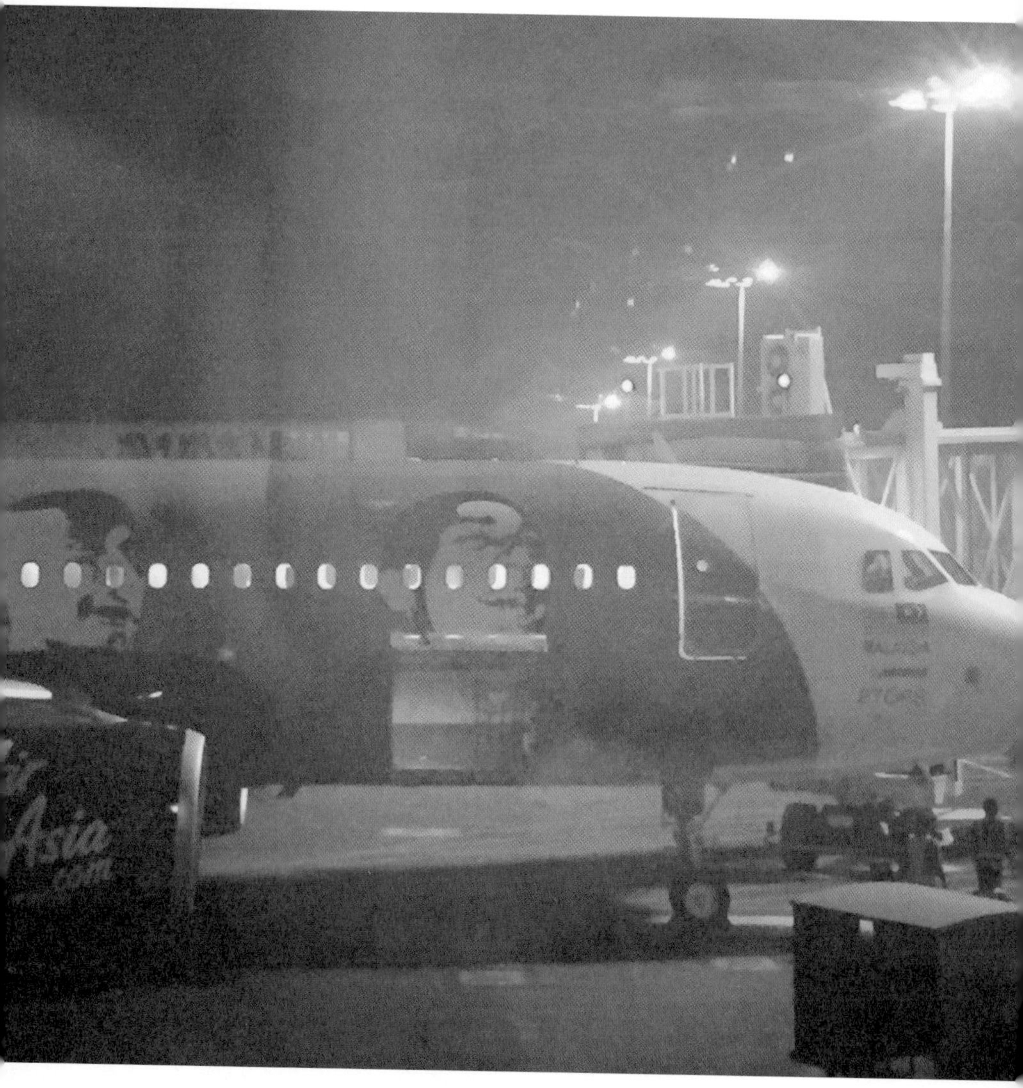

Mo Chit BTS 地鐵站前很快就被剛從機場巴士下來的旅客所擠滿，我跟隨前面旅客的背影在窗口排隊買票。輪到我時，我請對方給我一張票，窗口小姐卻叫我買票旁邊去，她只負責換錢。

我走到售票機前，打算買一張到青年旅館的票。準備投錢時霍然發現售票機只能投入一塊、五塊、跟十塊的泰國硬幣，沒有插入紙鈔的地方。泰國的 BTS 地鐵票價，最低從十五泰銖開始，最高可以到四十二塊。我要買四十二塊的車票，對於一個剛到泰國的旅人來說，要湊出那樣一個數字的零錢幾乎不可能。回到先前被誤認成買票的隊伍裡，我拿出一百塊，表情冷淡的換錢小姐給了我十個十元硬幣。在曼谷期間我的錢包之所以十分沉重，大多都得歸功於 BTS 的購票設定。

BTS 的路線都設在高架橋上，有點類似台灣內湖線的味道，但又比那更高大。假如說都市是一座叢林，摩天大樓是它的神木，那麼 BTS 就是一條架設在神木當中的天空軌道。想要一覽曼谷商業中心的盛況，找不出比搭 BTS 更好的交通方式。若非車廂內的乘客膚色更深、語言不同與五官有著些微的差異，坐在 BTS 內與坐在台灣捷運內是沒有什麼差別的，同樣充斥著廣告的車廂、一樣顧著低頭玩手機的少男少女。車站內散布著 Yamazaki 麵包店、珍珠奶茶等飲料攤位，曼谷 BTS 對台灣人來說很不陌生。

臥佛寺

Glur 是一間設備新穎、網路上評價良好、交通方便，位於 Saphan Taksin 站兩分鐘距離的青年旅館。窗戶一打開就可以看到橫架在空中的 BTS 軌道與一家中國寺廟，旅館內不時可以聽到 BTS 經過的轟隆聲與廟裡做法事傳來的鑼鼓聲。正門口出去則是個固定開張的夜市，服飾與小吃隨手可得。

雙人一晚五百塊台幣以下的價格，是我對曼谷背包客棧最為印象深刻的事情之一。不管是 Glur 還是之後住的 Matchbox，都有著非常好的服務跟高品質的硬體設施，且還有上下鋪雙人床這種設計！以前我從未想過雙人床也可以做成上下鋪，一般來說青旅的上下鋪都是單人床，雙人床基本上做成獨立的房間居多。

上下鋪雙人床之所以讓人驚艷，那是因為它解決了情侶檔背包客的煩惱。它讓預算有限但又不想分離的情侶可以相擁而眠。當背包客以來我已經看過太多情侶檔明明就一人一張單人床，但因為不想分離被迫硬擠在一張狹小單人床上的窘境了。上下鋪雙人床若要給它下個宣傳口號，或許可以這麼說：「愛，再也不擁擠。」

Glur 由傳統公寓改裝而成，樓高六、七層，無電梯，一樓是咖啡廳。曼谷雨季的白天熱度驚人，Glur 的冷氣基本上只有一樓的餐廳二十四小開著，公共區域僅提供電扇，房間則是傍晚開始供冷氣。要說這家青年旅館有什麼不足的話，那就是它的公共空間太狹小，不利旅人們互動。

自五年前開始一個人自助旅行當背包客以來，青年旅館就成了我主要的落腳之地。住青年旅館不僅是為了省錢與結交各路好友，考察各國青旅無形之中也成了我的一個任務。自 2011 年到中國自助後，有一天要在一個背山面海的地方經營一間自己的青年旅館這想法就深深地烙在我腦海裡。在那一天來臨之前，我跟自己說就盡可能地多住青年旅館吧！也算是替未來做功課。

臥佛寺裡的臥佛

建築奇譚

是否有人跟我一樣，被曼谷奇特的高樓大廈給驚呆了。

當我這麼說時不是指曼谷的摩天大樓比 101 或者杜拜的更高、更摩登，而是它那獨特的結構跟造型，一種結合巴洛克或新古典主義風格的裝飾再搭配現代高樓獨有的聳立。看到曼谷的那些不知該稱為現代還是古典的大樓時，我有一種是否這個國家仍然極其懷念過往帝國風采的錯覺。

曼谷市區有許多十九世紀留下的古屋，大多都是理應出現在歐洲而非曼谷的歐式建築。例如：過去的法國大使館區。若把它跟其他地方隔離，說那是巴黎的一角，也不會有人懷疑。

簡單來說錯落在曼谷昭披耶河沿岸的那些自十七世紀就開始陸續出現，到了十九世紀達到前所未有的高峰的歐風建築，讓曼谷的河岸區幾乎就像上海的黃浦江沿岸一樣，鶴立雞群。

舊海關大樓（OLD CUSTOMS HOUSE）

曼谷河岸區的旅遊介紹說：「儘管泰國從未被殖民過，但殖民勢力在這國家仍佔據了一席之地。」他們的大使館與貿易公司佇立於中國城與 Taksin 大橋之間的河岸。那裡是曼谷少數幾個能欣賞得到殖民風格建築的地方。

十九世紀不僅歐洲大使館與貿易公司的出現改變了曼谷的市容，泰王拉瑪四世的開放政策與拉瑪五世的取經西方，也使得曼谷徹底改頭換面。直至今天除了上面所說的奇妙的古今合體的高樓大廈外，從飛機上往下俯瞰曼谷的住宅區時，會發現到那些異常整齊，風格一致的歐式別墅住宅佔據了曼谷極大的地區。就連路上遇到正建造到一半的建築，也都走十九世紀的風格：拱門、雕花的窗、奶黃色的油漆⋯⋯

泰國的傳統建築跟東南亞眾多國家一樣，主要是木造吊腳樓建築。目前除了昭披耶河沿岸還存留著伴水而居的木屋外，在著名的臥佛寺 (Wat Po) 附近的魚（乾貨）市場 (Tha Tien Market) 內還也還奇蹟似地於數不清的魚乾、蝦米堆中保留了一些道地的泰式木屋。Tha Tien Market 是個外觀西式，內在泰式的傳統漁貨市場。行走在數不清的海鮮乾貨攤販之間，強烈的海鮮風味衝擊著旅人的嗅覺。

曼谷河岸地區讓我產生了一種走在台南市區的相似感。數不清的美麗老建築，混雜在毫無特色的當代透天住宅之中，任風吹雨打，斑駁脫落，行人匆匆走過，對它們不屑一顧。

泰國政府除了少數幾處如：泰國第一家銀行、第一家五星級飯店、第一家 shopping mall 與第一家郵局等都冠上「第一」的建築給予保護維修外，其他的都給它放水流。必須得承認的是，很多老建築維修前比維修後更美。

十九世紀蘇格蘭專畫埃及與近東的著名畫家 David Roberts 說過，對他來說埃及全毀或半毀的古蹟似乎更加美麗。它們讓他想起十八世紀義大利藝術家 Piranesi 著名的羅馬廣場刻蝕畫。一百多年後，保羅．索魯（Paul Theroux）抵達同樣的地方後，也說當他經過無處不在的廢墟時，他突然懂了 David Roberts 的意思：「那是一幅動人的畫面，墜落與被遺忘在沙漠的美麗雕刻，毫無疑問地比充斥著紅通通的臉龐與抱怨連連的遊客的翻新寺廟更來得有戲劇張力。」

曼谷也一樣，已經接近危樓的舊海關大樓內外，學生與廣告公司正利用它那獨有的歷史氛圍，照片一張接一張地拍個不停，沒有什麼比廢墟更能營造出攝人心弦的魅力了。

比起搭船輕易抵達一站又一站的觀光景點，河岸區無疑更適合用雙腳一站走至下一站。那些數不清，訴說著泰國過去輝煌的建築往往就在不起眼的轉角處。它們有時會被政府立個牌在前，簡單地告知旅人它們的過往。有時則是什麼也沒有，斑駁的牆面跟老樹相交相融，靜靜佇立，任旅人不停打眼前經過。

河岸區的一天散步，我路過一間中國寺廟與一個位於聖母升天主教座堂旁的有機小農市集。穿越無數的小巷跟經過許多盤根錯節的老榕樹後，以中國城劃下句點。

昭披耶河沿岸的老法國社區

昭披耶河旁的高樓大廈

街頭小吃

自到曼谷後，餐館對我來說開始顯得毫無吸引力。我把自己的三餐兼宵夜都託付給了街頭小吃，那裡是我在曼谷的廚房。

丸子、豆皮、餃子、空心菜、豆芽菜、蔥花加入剛燙好的河粉跟高湯，一碗在曼谷街頭常見的小吃料理就完成了。折疊桌上永遠放著四小罐調味料：乾辣椒粉、白糖、泡在醋裡的生辣椒與魚露，端看客人心情自己調味。

雨季的曼谷熱氣蒸騰，小吃攤內的客人一邊埋頭大口吃麵，一邊奮力擦汗，看起來十分過癮。剛下飛機餓得頭暈轉向的我，很快也決定要在這位於小巷內僅有當地人的路邊攤開始我在曼谷的第一餐。吃了這碗僅要四十塊泰銖的河粉後，我就已經愛上了曼谷，或者說泰國這個國家。

一個轉角賣甜食的小店鋪前，三五客人正排隊等著結帳，每個人都說來兩三個用芭蕉葉包著看起來像似種粽子的東西。輪到我時我也想要一顆，老闆娘說賣完了。我只好

河粉

改買第二人氣商品，一塊看起來像黑糖糕的甜品。吃了後發現，那是連我這種甜點控也會覺得過甜的糕點！曼谷的街頭，除了河粉外，還有一樣東西旅人也無法忽視。大街小巷都看得到它們的蹤影跟聞得到它們的香味，在曼谷怎能不試試路邊燒烤？烤雞翅、雞腿、香腸或內臟，一串大約二十泰銖左右的價錢，常常吸引路人駐足。

我本是個沒有特別喜歡吃烤肉的人，卻也難逃那誘人的香氣。打路邊走過，滋滋作響的雞翅與雞腿在火紅的鐵網上冒出裊裊白煙，頓時之間，周遭的一切都隱形了，眼中僅剩那數步之遙的烤肉攤，走近說：「給我一隻雞腿。」

「要不要飯？」老闆問。

「飯？」路邊燒烤要飯幹嘛？且怎麼吃？

「對，飯。」老闆回。

「好吧。我要飯。」老實說根本搞不清楚要怎麼配飯吃，沒試過就姑且一試吧。我得說烤肉尤其是雞腿果然還是要配飯吃才正點！若跟老闆說要飯，他就會給你一小袋裝在塑膠袋內的糯米飯，讓你配著雞腿吃。並不是每個路邊燒烤的攤位都會詢問客人是否需要米飯，我自己也僅遇過一次，但無疑地那是最美味的一次組合。

花市內，五顏六色的繁花之中，一婦人挑著兩個竹簍在走道的中間停了下來，旁邊賣花的女子走過去用泰語說來一份青木瓜沙拉。我也有樣學樣對婦人比了一的手勢。婦人從籃子裡拿出一顆新鮮木瓜，快速地往盅裡削出條條雪白木瓜絲，加入蝦仁、花生、豆角、番茄等配料，再加入醋、辣椒、糖等調味，中間她停頓了一下，把抓在手裡的生螃蟹展示給我看，意思是：要加進去嗎？看到我奮力地搖頭，她笑了起來，繼續給我的青木瓜沙拉趕工。

她把裝在保麗龍碗的青木瓜沙拉遞給我時，我用雙手比了筷子的手勢。她搖頭表示沒有，接著一臉著急不知道該怎麼辦？跟她買食物的都是花市裡的當地人，大家都有自己的餐具，她從沒想過需要準備免洗筷那種東西。像是下定了決心似，她把本來用來舀糖或醋等調味料的鐵湯匙給我用。我給她一個沒關係的手勢，意思是我自己會想辦法。她不死心繼續在竹簍裡收尋，突然她眼睛一亮，啊！原來是竹籤。「OK!」我說，這個非常好。曼谷很多路邊攤都跟機車連結在一起，下雨的時候常看到連著餐車的機車在馬路上呼嘯趕路回家。有時候你會想這麼小的一個餐車怎麼可以變出如此多的花樣出來。跟台灣的路邊攤比起來，曼谷的路邊攤還保留著傳統風格，台灣基本上大多已進化到使用小貨車當作交通工具了，但腳踏車與機車在曼谷仍是攤販的主要往來工具。一直要等我到了北邊的清邁之後，我才了解到原來曼谷的小吃竟是那麼地多元跟美味。假如問我懷念曼谷什麼的話，那麼街頭美食絕對是一個點。

永遠在路上的朋友

一個人可以一直在路上多久？

當我坐在曼谷 BTS 內準備去見兩年前我在臺南旅行時認識的日本友人 Masa 時，腦海裡浮起了這疑問。我一個人上路以來斷斷續續也三年多了，可與 Masa 一比根本不值一提。再說在路上這件事也不是越久就越厲害。就連為什麼要拿出來比較都十分值得懷疑。

人終究是以群體過生活的動物，也就說我們都是社會的一份子。身在群體之中，想徹底逃離群體的價值觀框架，不是一件易事。先不論台灣，以 Masa 來說，他處在日本那更壓迫，更強調一板一眼生活模式的國家內，難道他都沒為他所選擇的流浪生活擔心過？見到 Masa 前我心裡又閃過了這念頭。他跟我說他首次到泰國已是九年前的事了，那時他的英文極破，僅能用幾個單字溝通。九年後，Masa 的泰語已經可以順暢跟當地人交流。他教了我 kape 與 ka 的差別，前者是泰語中男性的結尾用語，後者是女性。男生說 khop khun kape，女生說 khop khun ka，亦即：謝謝。在台南 1828 青旅首次見到

在 MASA 住的背包客棧一起晚餐

Masa時，我以為他是個小資男，一身無印良品風格的穿著，梳得好好的髮型，埋頭在蘋果電腦中，安靜地坐在角落。應該不會有什麼交集，那時我想。

晚上大家坐在餐桌前聊了幾句後，才發現第一印象害人不淺。原來Masa的足跡已踏遍世界，就連台灣也到過了四次之多。在我都還沒確定是否要去澳洲打工度假時，他已經結束了澳洲打工度假第一年。印度、尼泊爾、東南亞諸國、菲律賓與馬來西亞等也不知道去了多少次。

記得那時他說台灣後他要去泰國，在朋友開的日本餐廳工作半年，說完還特別把準備帶去泰國的訂製刀子秀給我們看。那晚，他告訴我們他答應了青旅老闆要教她做日本漢堡排。哪知，我們那群 1828 青旅的房客一起在廚房忙了半天最後也沒吃到漢堡排，原因是老闆那晚沒空學，得等到第二天。可惜，隔天早上我忙著退房沒時間享用他的漢堡排，緊急之下僅留了他的名字及把自己公司的地址給他（還是來接我的同事的名片），說若他之後上台北可以來找我。

不久 Masa 上台北竟真的找到了我工作的地方來，話說我工作的地方位於小巷子內，就連台灣人都時常找不到，何況一個日本人。但 Masa 繞了大概一個小時後總算在公司拉下鐵門的前一刻找到了正確的地址，拿著我同事的名片說要找我。

若非我事先有交待，假若有個日本人拿同事的名片找我，請務必幫我留下他的聯絡方式的話，我跟 Masa 也許就再也不會見面了也說不定。這次在泰國再跟 Masa 見面已是認識兩年之後的事。台灣後，Masa 如他所說的到泰國工作了半年，後去菲律賓、韓國跟回日本。接著又再次回到台南幾個月，再來又是東南亞。我們見面前他跟朋友待在泰國的象島。

泰國後 Masa 打算去幾天吉隆坡（他說吉隆坡的印度咖哩最棒），後先飛到伯斯入境澳洲開始打工度假的第二年，再飛回日本做身體檢查再回澳洲。基本上就是一個空中飛人的生活模式。背包客生活近十年，問 Masa 未來預計落腳何處，他說台灣。得說我有些訝異。試想在台灣生活過幾個月的他已知中文不好學，且在他泰語暢行無阻的形況下，他不選泰國而是台灣，令人印象深刻。「長久生活的話，還是台南來得好。將來我想要學傳統水墨畫，用自己的作品裝飾開在台南的榻榻米日式青年旅館」Masa 說。

關於 Masa 有一件事我非常欣賞，那就是他那種遇到任何事都處之泰然的態度。跟我比起來 Masa 旅行的運氣非常不好。我們在曼谷見面的前一天，他跟朋友在象島騎機車沒戴安全帽，被捉到罰款。一回旅館，房間的電扇又冷不然地從天花板上掉了下來。同一天他朋友還掉了錢包，是一種屋漏偏蓬連夜雨的狀態。但當我們見面一起去吃海南雞飯時，他們倆早已一副輕鬆自在貌，說該處理的都處理了，沒事。吃飯間他更是不顧形象地親身示範泰國女孩以何種姿態答謝，惹得小吃店內的泰國人笑聲連連。往 Masa 他們住的青旅的路上，Masa 說泰王在泰國彷如神一般地存在。一次他在泰國看電影，電影院內播放了國歌，瞬間全電影院的人都起立站得挺挺。後來我自己在清邁時的經驗亦如此，夜市逛著逛著不知道為何突然就播放了國歌，接著整條街上的吵鬧都安靜了下來，全部的人都如玩一二三木頭人般，立正不動。

Masa 住的青年旅館，跟普通的青年旅館有些微地不同。跟我住的時髦青旅比起來，他們住的青旅更有本地人的味道。設備沒有那麼新穎、整潔程度也不及我住的地方，但那裡有一個我住的地方沒有的氛圍，一種類似家的放鬆調調。在 Masa 青旅當櫃檯接待的泰國女子 Prai 極為熱情好客，說晚餐要煮魚湯若不介意我們就一起吃飯如何？我當然極為樂意，託 Masa 的福那晚我吃到了在泰國整個旅程中最好的一道泰式料理，同時也品嚐到了另一位旅客所做的菲律賓風味雞翅。他跟我說泰國他來過太多次，現在只會去一些僅有當地人的小地方，一些僅能使用泰語溝通的無名角落。他問我曼谷後要去哪裡？我說除了他先前推薦的北碧府 (Kanchanaburi) 與大城 (Ayutthaya) 外，可能還會去清邁。

他說清邁也是大城市，但那裡有山可以呼吸新鮮的空氣，對我很好。基本上旅人都是這樣，第一次到一個國家，先去大城市，後去第二城市，再來是小城鎮，最後到一些少為人知的村落，足跡越走越偏。曾經我對 Masa 的生活方式產生懷疑。儘管我也是老愛往外跑，但大多都是短期，一個月，兩個月或三個月，最多的就是現在的澳洲打工度假。不過打工度假與其說是旅行，無疑更偏向工作。Masa 不同，九年下來他已經很難回歸日本正常的職場生態。澳洲打工度假後，他若缺錢就回日本短暫工作一陣子，例如去北邊的農場砍高麗菜或去高山上的旅館上班。嚴格來說都是一些偏向體力的工作。至於廚師，他說要當正式的日本料理廚師，得從學徒當起，需要好幾年的時間，不然一般店家是不願意教你技巧的。

兩年來對於他的生活方式，從驚嘆到懷疑到目前的坦然接受，我察覺到自己也在變化。也許 Masa 沒有穩定的收入跟固定的居所，但那也沒有什麼大不了的老實說。他現在的英文已經從零到可以順暢地溝通，泰文也將近與當地人無異，中文也正在學習當中。

我的意思是說他到達了三年前我在大理遇到夏姊時她所說的境界：

「現在我有自信，我到哪裡都可以生存。」

背包客天堂考山路

伊拉旺瀑布 Erawan Waterfall

北碧府（Kanchanaburi），一個離曼谷以西約兩個半小時車程的省份。以桂河大橋、死亡鐵路跟美麗的伊拉旺瀑布出名。對泰國非常熟悉的日本友人 Masa 說，要去北碧府的伊拉旺瀑布需要很早起床，瀑布離北碧府市區有一段距離。

一天大清早我搭上了頭班的 BTS 趕路去小巴客運站，想說不管如何都得搭上第一班去北碧府的小巴才行。後來我才知道搭小巴不準時也沒什麼大不了，小巴的最高原則是人數夠了才開車，我就跟另一組泰國女孩與歐洲男孩的情侶檔在車內等了半小時之久。往北碧府的路上，我的娛樂除了欣賞窗外單調的風景與一幅又一幅不同年紀的泰王巨大肖像外，就剩觀察坐在我前方那對情侶的互動。

小巴經過無數個巨大泰王跟公主的看板後，我們還在公路上繼續奔馳。到北碧府後，我跟小情侶分道揚鑣，繼續找尋去伊拉旺瀑布的公車，他們則是坐在小巴下車處的長椅上，不知道在等待什麼，一副意興闌珊貌。開往伊拉旺瀑布的公車是傳統的泰國公車，僅有電扇沒有冷氣。為了省錢，公車開動前甚至連電扇也不開。數不清的外國背包客跟

泰國傳統公車

我坐在悶熱的公車內，無聊地發呆，車子還要將近一個小時才發車。

等待的時間實在太漫長，我決定下車去 7-11 買些食物。再回到公車內時，發現背包客的人數又增加了不少，於是我決定不再輕易離開座位，免得再回來連個位子也撈不到。最後整台公車以一個泰國年輕家庭組合、一位僧侶跟滿車的法國背包客、還有其他國家零星的背包客組合，轟隆隆地朝位於國家公園內的伊拉旺瀑布前進。儘管每個窗戶都打開，風不斷地朝車內吹來，日正當中的悶熱還是讓整車的旅客暈暈欲睡。偶一驚醒，發現大家的睡姿都千奇百怪，也就懶得顧慮自己睡著時是否有流口水那回事了。坐在跟火爐一樣的鐵皮公車內，誰還有心情講究形象。

當公車靠近伊拉旺國家公園收費站時，我斜眼瞄到了門票三百泰銖這告示。但我期望那不是真的，假裝不知道開口問隔壁背包客，一個人多少錢？「三百泰銖一人。」他冷靜地說。我環顧四周發現大家都鎮定地掏出了鈔票準備付錢，一副本來就知道要付門票的樣子。他們都帶著 Lonely Planet，怎會不知道要門票。是的，全車可能就僅有我一個人不知道要門票這回事。為什麼去看一個瀑布要花三百塊，假如事先知道了我還會來嗎？且誰可以告訴我原來瀑布離北碧府還有該死的兩個小時車程。日本朋友 Masa 事後知道我去伊拉旺瀑布當天來回，不禁錯愕，他本以為我會在那裡待個三兩天。

話說，在澳洲時我從網路上得知在泰國去 Superrich 換錢最划算。於是除了在澳洲換了一百塊澳幣的泰銖與及抵達泰國後又在路上遇到的 EXchange 換了一百塊澳幣的泰銖後，我身上就沒有別的泰銖了。去伊拉旺瀑布那天身上的泰銖連一千塊都不到。想說泰國物價不高，一天總不會突然就花掉一千塊，只要撐過那天我就認命地去找那個傳說中的 Superrich 換錢。

可人算不如天算，伊拉旺瀑布不但要門票且還三百塊之多。付門票前我算了算發現付掉門票後，僅剩從瀑布回到北碧府市區的公車與及從那裡回到曼谷市區的小巴車錢。最後從小巴客運站坐 BTS 回旅館的錢是不夠的！最可怕的是，就算我坐最快從瀑布回去市區的車，當我回到曼谷時也已經晚上七點多，也就說所有可以換錢的地方幾乎都打烊了。

遞出我那珍貴的三百塊時，我不斷安慰自己總會有辦法的。我已經花了四個半小時來到這個國家公園的門口，若我不進去我不知道我到底來這裡幹嘛。

伊拉旺瀑布共有七層之多，聽說第四跟第六（或第七）層最有看頭。由於我自到了曼谷不久腳就莫名地腫成豬腿疼痛不已，加上又穿夾腳拖，時間僅有兩個小時也沒泳衣，因此，僅到第四層就折返。瀑布的水非常清澈，景色層層不同，翠綠的水內大量的魚群遊來遊去，很多人攜帶泳衣到那裡清涼一下。各層瀑布都設有休息野餐的竹檯，簡單來說就是一個夏日消暑的好去處，適合時間多之人。

就像前往瀑布的公車上的背包客人口比例一樣，法國人在瀑布內可謂無處不在。與其說是泰國的國家公園，還不如說是一個已經被法國人佔領的國家公園算了，一路上法語不斷地在耳邊轉來轉去。需要特別注意的是，七月的伊拉旺瀑布極其熱門，滿山滿谷的旅客。想要好好享受瀑布沁涼的泉水，若不在北碧府住個一兩晚是不行的。且想要去桂河大橋跟死亡鐵路也需要一天的時間。如我這般幻想一天完成三個地方者，無疑是天方夜譚。

北碧府的一天，來回我總共了花了九小時坐車，兩小時欣賞瀑布。回程還要擔心是否來得及找到一個晚上還可換錢的地方，讓我可以搭 BTS 回旅館。言而簡之，是一個措手不及的一天，異常奔波。幸好小巴總站位於熱鬧的維多莉亞紀念碑站，又多虧了中國人的驚人消費能力，使得有免稅百貨 King power 存在，我才能換錢得救。

優美的伊拉旺瀑布國家公園

殞落的大城 Ayutthaya

騎著腳踏車穿梭在大城 (Ayutthaya) 傾頹的寺廟之間時，我是那樣地渴望有一台時光機，讓我回到緬甸摧毀它之前的盛況，一覽這個世界上曾經數一數二繁盛的偉大城市。今天僅是走在它那殘垣斷瓦之上，仍可感受到一種澎湃的美與莊嚴，那就是大城，Ayutthaya 的魅力。

大城位於曼谷以北約兩小時的車程，大多人皆透過火車抵達，我則選擇了便宜又快的小巴。往大城的小巴上除了我一遊客，僅有當地人。若非再三確認，我的確搭上了往大城的車，幾乎懷疑自己坐錯了車，否則怎麼都沒有同路人？大城怎麼說也不該如此冷清。答案就是大家都搭火車。在大城傳統市場附近下車後，我馬上就籠罩在一頭霧水中。找不到網路上說的可以租腳踏車的地方，問當地人，他們大多不是聽不懂英文就是不清楚。路過一個賣包子的攤販，我決定先買幾個包子當早餐，墊墊肚子之時也冷靜一下。旅行，往往是越急越沒用。其實租腳踏車的那條街就在小巴下車處同一條街的前方，過了馬路往前繼續走街景馬上一變，情侶檔、家庭組或單身的歐美旅客不是在喝咖啡便是準備租腳踏車遊大城。我花了四十泰銖租了一台性能優異的腳踏車，開始漫遊大城。不

半損的寺廟散發著如畫般的詩意｜曾經大城也有過金碧輝煌的過往

儘管不完整，我們仍可從中感受到這尊佛像的優雅

知道該說泰國人相信人性，還是純粹懶得想那麼多，租一台腳踏車除了留下一個電話，既不需要押金也無需證件。騎腳踏車逛大城很簡單，跟著同樣騎腳踏車的人群走就對了。不然朝著遠方高聳的佛塔前進也差不了多少。

由紅磚所建的寺廟遺跡散佈各地，隨處可見的一個佛塔都讓人驚嘆。而這些我們所看到的僅不過是它曾經的一角，就已如此令人折服，那麼幾百年前它本來的面貌又是何種盛況？後來在清邁認識的朋友說凡是使用紅磚建造的建築，基本上都有著一定的歷史。漫步在大城那與僧侶袈裟相似的紅牆之間，莊嚴之感油然而生。那是一種先前面對曼谷金碧輝煌的廟宇所沒有的情緒。到底是殘敗的遺跡更能激發人類的情感，亦或大城的寺廟確實比曼谷的來得更有魅力。在被緬甸軍放火燒毀一切之前，大城的建築外觀想必也是金光燦燦，一派耀眼奪目。很難解釋，不過大城的遺跡著實地讓我產生了一種少有的崇敬之心。高大的圓柱、層層往上攀升的佛塔，長方形的佈局，很多細節都已不在，剩下的僅是骨架，然而那些就已夠讓人深深地體會到這城市的力量。

曼谷的寺廟同樣也高大雄偉，只不過不知道怎麼地就少了大城的感染力。就像現今世界各地所建造的巨大宗教雕塑一樣，儘管它們可能比以前的都更高、更大，但就是沒有那種令人油然而生的敬畏。那樣的情感在當代高大、表情單一、缺乏生命力的雕像上我

們很難找得到。但卻可在大城斷了頭、缺了手或腳的佛像上輕易獲得。是因為我們的美感不如古人還是我們沒有了前人的虔誠之心，使得我們製造的東西再也難逃時間洪流的淘汰？在一間不是那麼有名但同樣壯觀的寺廟遺跡前，我繞著它走了一圈。當我經過它的後半部時我決定要在那裡待一會安靜地享受那氛圍。在我眼前的是一個如電影般唯美的角落，巨大斑駁的紅磚牆，在雪白花瓣的相伴下，美得令人屏息，微風緩緩吹來，不見遊客蹤跡。

不過，美麗的地方從不缺仰慕者。不久一對信仰日本佛教的德國夫婦出現，丈夫說：「以前這裡肯定是一個非常重要的場所，現在我們都還可以感受得到這裡的力量。」是的，走在它那彷如雅典神廟的巨大柱子之間，攀爬上它那矩形的基座時，我也感受到了那不凡的力量。若說那是整

個大城目前最有力量的地方，我一點也不反對。

大城最有名的是一個被菩提樹根緊緊纏繞的佛祖頭像。有人說當年因為頭像太重了所以才沒被偷走，後來經過了數不清的歲月，佛像就與樹根融為一體。那是大城少數果存的頭像之一。幾十具破敗的佛像軀體與幾個殘缺容顏的佛祖頭像，足以讓人一窺大城過往的文化面貌。大城曾有著如日本京都，中國長安那樣的角色，扮演過泰國文化重鎮與貿易之都。當然跟其他的文化大城一樣，最後也總難逃一劫。人類這物種一直有個要不得的特質那就是不斷地摧毀自己同類的心血卻無能再創出同樣高品質的東西來。

沒有地圖胡亂騎腳踏車的結果就是，差點騎到了別的城市上去。騎在彷如省道的寬闊馬路上，內心的疑問不斷湧上。停車問路人寺廟是否走這條路？

對方說是，寺廟就在前方。寺廟確實就在前方，但已經不知道騎到了城市的哪個角落。因為大城寺廟無處不在，然僅有寺廟集中區才是市中心，也才是回去的路。一對經營攤販的夫妻看了我給他們看的照片後，說需要原路折返才能夠回到市中心。於是我又花了將近半小時穿過車流，上了橋，忐忑不安地騎回去。就在接近眾多遺跡的附近，忽然天空開始下起了大雨。頓時我想起了朋友 Masa 的勸告，他說遇到雨季，大城時常一下起雨來就兩三個小時。那時除了等雨停外，別無他法。

幸好我這人別無長處就是運氣特別好，大雨僅下了五分鐘就停。當我重回到彷如遺跡公園的市區時，被雨淋濕的衣服與頭髮也乾得差不多。Masa 拜訪大城時是跟青旅的泰國人一起來的。曬得黝黑的 Masa 混在幾個泰國人裡面，默默地就被當成是本地人，免費逛了大城一圈。當 Masa 跟 Prai 一起回想起他們遊大城的光景時，他們還是笑個不停。在路口有兩個外國女孩子拿著地圖看了半天也看不出個所以然來。我沒有地圖想借她們的地圖一看，她們反問我被樹根包著的佛像在那裡？

「就在不遠的前方，不如妳們跟著我走吧，剛好同一個方向。」我說。

那刻，我突然從迷路的遊客瞬間變身導遊。

樹根裡的佛頭是大城最著名的一景

Chapter 02

清邁

火車一路北上

我本預計搭豪華客運連夜北上清邁，就在我幾乎搶下最後一張客運票時，我結帳失敗了。也就是說我已經沒有九個小時的客運那項選擇，唯一剩下可負擔得起的交通方式就是火車。而火車通常意味著超過十小時以上的交通時間。

泰國無法在線上預訂火車票，僅能到親自到火車站現場買票。去清邁的當天一早我背著行李直接殺到火車站，對著售票窗口說請給我一張去清邁的車票，謝謝。售票小姐卻回我沒有車票了。我反問一張都沒有？旺季，賣完了，她說。我不死心地盯著她的電腦螢幕看，發現在一堆空白中有一欄顯示小小的十五這個數字。

「那個還有票吧。看還有十五張，我要買。」

「沒有冷氣喔。」

「沒關係，給我一張票就好。」我不是嬌貴的遊客，而是窮哈哈的背包客，有沒有冷氣對我來說不是重點。

就這樣我買了倒數第二慢的無冷氣火車坐票，搭上以誤點出名的泰國普快車一路北上。火車離站的時間是下午三點多，我買完票時中午還未到。試著到車站附近逛逛，但

除了去小吃攤吃個午飯外也無法做什麼，加上越近中午，太陽越烈，硬是在街上走僅不過落得滿身大汗罷了。

我決定回到車站點杯飲料坐著等車。那些聚集在車站的眾多年輕人讓泰國華南蓬火車站熱鬧非凡，使得與其說你到了一個火車站，不如說更像到了某個專門吸引青少年的品牌行銷活動現場。舉著隊旗，穿著不同顏色隊服的少男少女們席地坐在車站大廳內。前方舞台上一男一女搭配的主持人正在賣力撕聲吶喊，掀起一波又一波高潮。最後當一群由主辦單位請來，以cosplay裝扮的舞者進場時，車站大廳頓時成了舞會現場，盡情搖擺。到底為什麼要選在人流來來往往的車站大廳內，是我不解的地方之一。若說吸引人群，我不認為火車站的旅人是他們的潛在客群。

我本以為如此便宜的火車票會搭配讓人怯步的可怕火車，然而當我踏入空蕩蕩的古典車廂那一刻，我已經喜歡上了泰國的火車。傳統的圓形金屬電扇、令人感到溫暖與懷舊的木頭裝潢、可以上下拉開的玻璃車窗與及能盡情伸展雙腿的座位，那是一種在台灣已經消失了的火車。隨著火車開動的時間接近，其他旅客陸續上車。一些當地人外也有幾組歐美的家庭旅客，看來不是僅有我搭這台慢到不行的火車去清邁而已。

旅客之外，在整個車廂中最活絡的莫過於販售各種小吃的攤販。有的賣著類似簡單鐵路便當的飯盒、有的提著一個裝滿飲料的水桶、有的販售著各類水果，也有人販售鬆餅類的甜食，甚至還有豬血湯那樣的選擇。一開始我以為這些攤販僅會在火車發動前於各車廂之間來回兜售，但我錯了。他們跟著火車一路北上，沿途來回於車廂之間，每隔一陣子同樣的面孔又出現在面前。坐在我旁邊的是一個會講中文的年輕媽媽帶著一對姐妹的家庭組。雨季下午的悶熱使得那對小姊妹中的姊姊昏昏欲睡，與姊姊相反妹妹始終活力十足，媽媽很快也加入姊姊的睡眠活動。相較於其他的旅客，這個家庭讓小販們停留的次數特別多，不停地吃東西也許是個打發旅途無聊的好方法。

行駛中的火車，風透過窗戶持續吹來，雖感到熱到也還可以忍受。這便宜的慢車坐票老實說並沒有那麼糟。窗外一片又一片的綠色田野，鐵路旁的小鎮，騎著機車的當地人怡然地消失於街頭巷尾。經過了數不清相似的稻田與村落後，我們依然還在路上，這是一段十五個小時的車程。

曼谷出發後第一個引起騷動的停靠站是大城（Ayutthaya），同一車廂的外國遊客幾乎都在那裡下車了。看來他們並沒有要與我一起晃到清邁的意思。傍晚的大城下車的人多，上車的人少。一直到大城的下一個城市 Lopburi，才又有一些歐美旅客背著巨大的背包在黃昏中的月台等火車進站。從來沒有聽過那個地方的我，趕緊把在曼谷買的二手 Lonely Planet 拿出來查看。發現原來 Lopburi 曾經是繼大城之後的第二文化大城，以頑皮的猴子跟寺廟古蹟聞名。根據 Lonely Planet 的介紹，Lopburi 的猴子多到他們需要提供給女性遊客免費的嚮導以幫忙驅趕猴子的地步。火車重新發動後，從車上輕易地可以看到一個離鐵路非常近的佛塔上，猴子們正在蠢蠢欲動。確實，Lopburi 佛塔的風格與大城一脈相承。

火車開了不知道幾個小時後，一個小販抓住了我的注意力，她竟然在火車上賣魚乾。魚乾是泰國市場上很常見到的商品。但在火車上販售這種無法即時享用的商品，實在令人無法忽視。也許販售魚乾的小販有一種天生的商人嗅覺，她知道在眾多的旅客當中，總會有那麼一兩個客人光顧她。我所在的車廂中就有一位泰國老婦人開心地跟她一口氣買了七八條魚乾之多。成功做了生意，小販開心地往最後一節車廂前進，但不多久又走了回來，看來在那裡她沒有什麼收穫。經過先前跟她買魚乾的老婦人，兩人閒聊幾句後，老婦人又多買了幾條魚乾。這位老婦人想必就是那位小販一整天的重心了，這樣的客人有一位也就足矣。從下午的鬱熱到入夜後的涼爽，火車經歷了下午、夜晚與清晨後，終於抵達了泰國第二大城，位於北方的清邁。當我走下火車的那一刻，我對清邁還很模糊，連要住哪裡都還沒有個底，更不知道後來會愛上它。

火車上的小販

咖啡樹下的愛情

旅行到一個城市時，有三件事被我列為首要目標：找到一間如家一般的旅館，找到一間好吃又便宜的餐廳與找到一間讓人願意早起的咖啡店。在清邁的第一天，很幸運地我就找到了其中兩項；旅館與咖啡店。旅館是Kavil Guesthouse，咖啡店是Mountain Coffee Bar。

Mountain Coffee Bar位於一條不起眼的安靜小巷子內，小小的招牌，被綠葉圍繞的小亭子與幾張位於大樹下的桌椅，便成了一個咖啡角落。若非路過剛好看到有幾位歐美旅客正在悠閒地品嚐咖啡，一派寧靜安詳，興許我根本也沒打算進去。比起咖啡店，那裡更像某旅館的私人庭院。店是由一男一女的泰國本地人經營，女老闆曾經到澳洲學習泡咖啡，牆上依然還掛著她的證書，那也是何以Mountain Coffee Bar可以點到澳洲獨有的咖啡口味Flat White了。不過，從頭到尾我始終搞不清楚她到底是何方人物，跟我有接觸的是另一位男性合夥人，也就是遠嫁到清邁的日本女子Kanako的老公。

來自日本的Kanako，是位熱情開朗的女孩，我第一次去Mountain Coffee Bar喝咖啡

MOUNTAIN COFFEE BAR

的那天，不知怎麼地當我們一聊起天來時，竟異常投緣，欲罷不能。自那天起我在清邁就正式多了一個朋友，Mountain Coffee Bar 也成了每天早上固定會去拜訪的地方。

日本女孩 KANAKO

Kanako 的老公看似大辣辣卻有著異常細膩的心思。我第一次光顧 Mountain Coffee Bar 時，他在我的咖啡上拉了一個我的樣子的長髮女孩拉花。咖啡送上來的那當下，我顧著品嚐與拍照，並沒有即時意識到他的用心，只知道咖啡很好喝，院子很美麗、很悠哉。整個 Mountain Coffee Bar 能夠隨心所欲地發揮拉花技術的僅有 Kanako 的老公，Kanako 跟後來出現的實習生能做的都僅有基本的造型。

出現在 Mountain Coffee Bar 的客人多是常客，也就是首次光顧後不斷再來的客人，所以大多都跟 Kanako 認識。大家一早到院子裡點咖啡後，或靜靜品嚐，或看書，不然就是低聲跟一同前往的朋友閒聊。用 Mountain Coffee Bar 的咖啡開始清邁的一天，毫無疑問是個最好的選擇。店裡的咖啡豆來自清邁北邊的山區，也就是 Kanako 老公出生的村子。偶爾去喝咖啡會遇到他們正在院子裡烘豆子。我在那裡時已經他們有一台烘豆機了，據說剛開始他們用的還是爐子，一轉眼這個咖啡庭院已存在了十四年。

一天我照常光顧 Mountain Coffee Bar，隔壁桌來自加拿大的女顧客跟我閒聊了幾句，說她非常喜歡 Mountain Coffee Bar 的咖啡，第一次光顧過後就忍不住買了包豆子回旅館天天泡來喝。來自加拿大的她，有個曾經在清邁久住過的兒子，這次之所以出現在清邁也是兒子推薦的結果，清邁後她將要到泰國南部的小島與家人會合。

Kanako 三年前到清邁找朋友時，首次出現在 Mountain Coffee Bar 裡，那時她現在的老公跟她還沒有什麼交集，也不過就是一個送上咖啡的泰國男子與收到咖啡後道謝的日本女子的短暫相會。一年後 Kanako 再次到清邁拜訪朋友，身為 Kanako 朋友的朋友的未來老公，那次帶了 Kanako 去釣魚，當她的一日導遊，那時他們之間才開始有了一點什麼。而這一開始就是兩年的遠距離戀愛。後來 Kanako 終於下定決心辭掉日本的工作，到清邁生活一年。我遇到他們的那個當下，他們剛結婚了幾個月，正準備到泰北邊境去更新 Kanako 的簽證。

「當我跟我老公準備要結婚時，我的日本朋友跟我說太快了，不好。」Kanako 對我說。我跟 Kanako 說我並不認為太快，她跟他老公經過兩年的遠距離與一年的朝夕相處再結婚一點也不快。Kanako 說她自己也那樣覺得。對我來說，感情始終是兩人之間的事，若自己認為可以，那麼其他人的意見參考參考就好，畢竟，最終幸不幸福是自己的事，與他人無關。可惜泰國是個讓幸福變得更為困難的國度，一個儘管你已經與當地人共組家庭，也無法得到永久居留證的奇怪國家。不管結婚了多久，你還是得一而再，再而三地出境再入境更新簽證。一開始三個月一次，後來一年一次，無止無盡。

第一次我去 Mountain Coffee Bar 時，Kanako 的老公給了我一杯有著我的肖像的拉花，中間我帶後來認識的朋友 Mirco 去時，他給了我兩個人手牽手的拉花，最後一天當我準備離開清邁時，他給了我一張哭泣的臉的拉花。這三杯拉花道盡了我在清邁的起承轉合，發現它時的興奮，在那裡認識第一個朋友所產生的安全感，從山裡回來後帶著來自義大利的朋友一同光顧時那種仿若回家的感覺，與及最後離開之際在感傷之餘又認識新朋友的驚喜。可以說沒有 Mountain Coffee Bar，我的清邁旅行就不完整。

依照我的樣子設計的拉花

週末夜市 Saturday / Sunday Night Market

清邁有兩大夜市，Saturday 與 Sunday Night Market。

Saturday Night Market 在古城之外，Sunday Night Market 於古城之內。兩個夜市的內容相差不大，不過以規模來說還是歷史比較悠久的 Sunday Night Market 更盛大豐富。逛過 Saturday Night Market 後我本來對 Sunday Night Market 不抱希望，心想反正都是相似度很高的攤販，如：泰國四處可見的寬鬆褲子或洋裝、大象圖案 T-shirt、肥皂雕花、各種編織的首飾項鍊與及大象油畫等等。

星期天下午，當我牽著租來的腳踏車準備四處騎騎時，忽然發現不對勁，馬路的正中間已經被攤販佔據，且數量正逐漸增加。當時我所在的那條街離我旅館外面那條號稱是 Sunday Night Market 所在地的地方還非常遙遠，難道夜市擺到這邊來？我心一驚決定先還腳踏車，左拐右撇，這邊躲一下，那邊閃一下，避開人潮、攤販，本來幾分鐘就可以通過的距離，因攤販與人流的劇增，足足花掉了好幾倍的時間才順利走完。

夜市乘載著一種兒時夢

還完腳踏車我往住處所在折返，也就是一路逛夜市回去。逛著逛著我發現 Sunday Night Market 有一些 Saturday Market 所沒有的個性小攤販，慢慢地我開始對於這個彷彿把整個清邁的人跟物都集中在一起的 Sunday Night Market 感興趣了起來。一家賣著簡單剪裁棉麻料衣服的攤販吸引了我的目光，本想詢價，卻發現老闆娘正在招呼著一位氣質美女。看了一眼氣質美女手上的那件衣服，真是好眼光我心想，那件看了我都想買。

不久我去到了一個有賣傳聞中清邁特有小陶罐的攤位，那些可以一手握在手裡的小巧陶罐，可以說個個得我心，全都想打包回家。陶罐的價錢不貴，每個都有些微不同，那是僅有手製才有的特色，不完美有時更美。若非一想到它們在我的背包裡會被輕易壓碎，我實在想不出還有什麼比

那些小陶罐更適合當伴手禮的了。

當我手裡還戀戀不捨地摸著小陶罐時，我忽然發現大家都靜止不動，耳邊同時傳來響亮的音樂，轉頭一看，人人都站得直挺挺，沒人說話、沒人移動。是國歌，泰國的國歌讓清邁鬧哄哄的 Sunday Night Market 瞬間凝結了。或許是國歌太長，或許是那瞬間靜止的畫面太有吸引力，不久一些外國旅客就開始偷偷轉動相機，獵取這難得一見的場景。

走到旅館附近那條大街時，一個賣衣服的攤販再次吸引了我的目光，我走近詢問價錢跟翻看架上的衣服時，頓時一個有些熟悉的身影再次映入眼裡。先前遇過的氣質美女竟又跟我出現在同一攤裡。這次她對老闆娘身上的那條褲子十分感興趣。非常有個人風格的老闆娘，直爽地秀給氣質美女看她如何捲褲管，綁腰帶。老闆娘自行設計的巨無霸寬大棉褲（日本相撲選手的寬度），老實說若她不親自示範，旁人還真的不知道該如何穿上。氣質美女買了一條褲子走後，老闆跟我說她是日本人。又說台灣有兩個客戶定期到清邁跟他們進貨回去賣。問是否可以網購，他說無法，要買他們的東西就一定得到清邁才行。

我看中了一件洋裝，同時又對老闆娘獨特的褲子戀戀不捨。老闆娘看我難以取捨，說若兩個都買給我一點折扣。通常當老闆開口那麼一說，顧客往往都會投降。我也不例外。購物這種行為不開始則已，一開始就停不下來。不久一個由兩個年輕小女生設計的銀飾攤位又讓我駐足停留。就在我還在猶豫到底要選哪條手鍊時，一位手帶滿了項鍊的外國中年女子，一來到攤位後三兩下就下手買了一條手鍊。買一條不過癮，她又繼續物色其他條，其中一條由不同幾何銀塊構成的手鍊，我跟她都非常喜歡。不過由於那是條銀用量比較多的手鍊，相對地價格也比較高一些。

「這條非常好看，是不是。」

「沒錯，我也非常喜歡那條。」

「妳要帶嗎？」

「我很想，可惜那對我來說太粗獷了些，這次我想買秀氣一點的。」

「我也是。」

那般，我們兩個都沒買那條非常具有獨特性的手鍊。除了衣服、飾品、繪畫與及雕刻等手工藝品外，Saturday 與 Sunday Night Market 也是一個品嚐街頭美食的絕佳好時機。各式各樣賣吃的攤販，從最基本的果汁攤到越南春卷等，甜的鹹的，可說應有盡有。

假日的清邁，逛市集乃是一大事。可以從下午逛到午夜，欲罷不能。

夜市裡充滿了來自各國的旅人

Limeleaf eco-Lodge

有時候你會遇到誰或去哪裡都已經注定，從 Limeleaf eco-Lodge 回來後我更加確定了這個想法。抵達清邁找到旅館梳洗一翻後，我在旅館附近隨性晃晃，想找個地方吃早餐與休息，慰勞一下剛剛結束的十五個小時車程。我在一間叫 Bamboo 的咖啡廳坐下，點了份芒果糯米飯跟果汁。Bamboo 那時是整條街上人氣最旺的咖啡廳，三五桌的客人慵懶地喝著咖啡或吃著早餐，一些在門口放置著彩色抱枕的竹沙發上的客人甚至整個側躺了下來。應該是個不錯的地方吧我想。

剛在位置上坐下來不久，一個小孩從門口走了進來並隨手發了一張傳單給我，那就是我首次獲知有 Limeleaf eco-Lodge。我手上的傳單呈現這樣的一個畫面：一棟搭建在高山上的小木屋側面，陽台上掛著由一張一根巨大竹子所編成的吊床，吊床上放著彩色條紋抱枕。四周綠意盎然，人煙罕見。

這豈非我念念已久的場景？再看它的文宣：

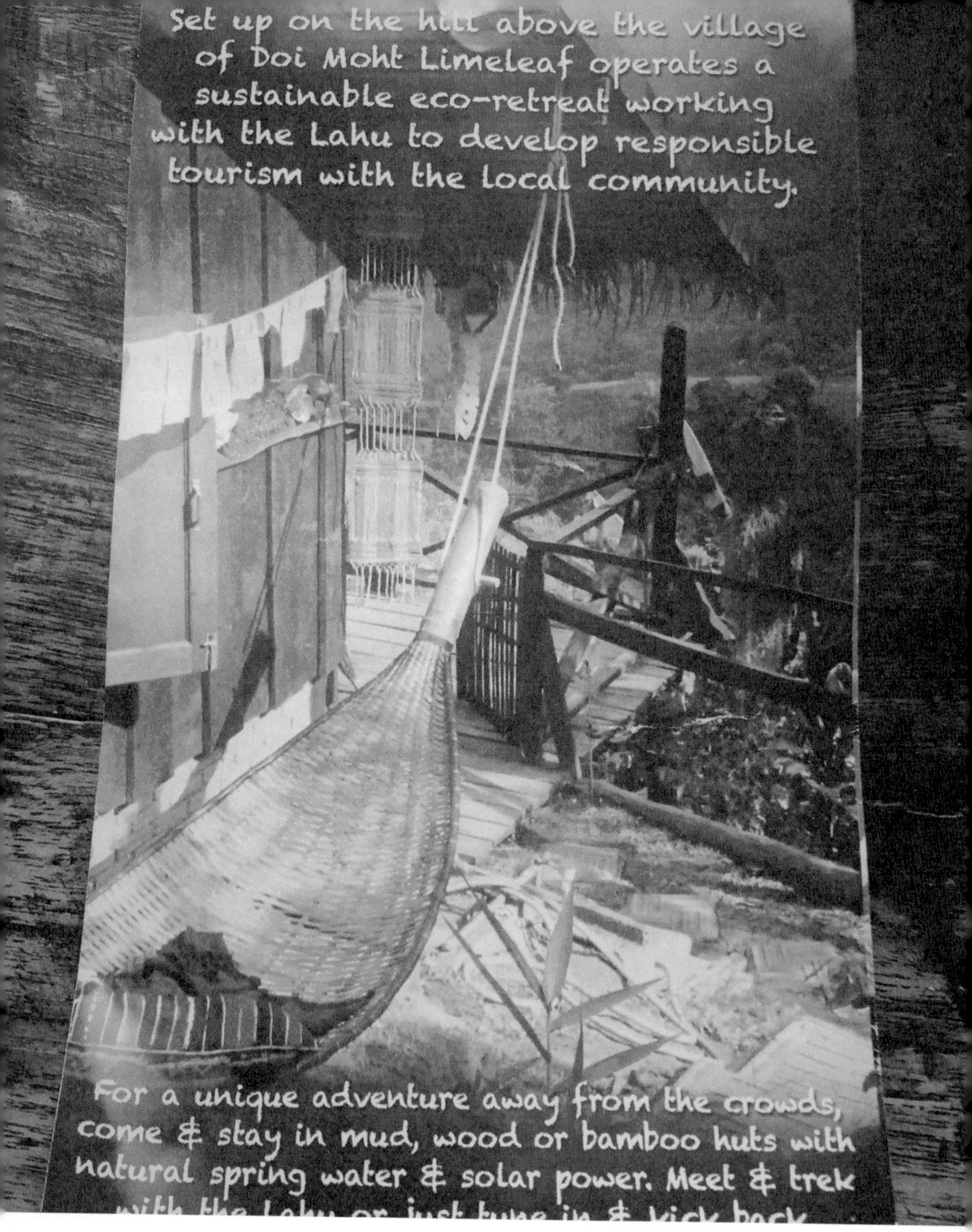
Set up on the hill above the village
of Doi Moht Limeleaf operates a
sustainable eco-retreat working
with the Lahu to develop responsible
tourism with the local community.
For a unique adventure away from the crowds,
come & stay in mud, wood or bamboo huts with
natural spring water & solar power. Meet & trek

LIMELEAF ECO-LODGE 傳單

一趟遠離人囂獨一無二的冒險，與雲海、森林及竹子同住，配備有天然泉水與太陽能的小木屋。拜訪拉祜族（Lahu）部落或與拉祜族人一同徒步，亦或就僅是來這裡沉澱、放鬆。Limeleaf 鄰近國家公園，位於清邁北邊約 70 公里（約 1.5 小時車程）。＊原文為英文

當我仔細把 Limeleaf eco-Lodge 的小傳單正反都看過一遍後，我心想就是那了。

不過靜下心來認真思考後，不由得出現了這樣的念頭，因為隨手拿到一張傳單就這跑到不知名的山裡，真的好嗎？那裡的評價如何，可是一點頭緒也沒有。後來，我到它們的臉書跟網站研究，發現它們在清邁有個聯絡窗口，不過那是個僅有在事前預約的狀況下才開放的小店面。由於心裡始終無法百分百確定，明知道去了也會吃閉門羹，隔天我還是特別租了腳踏車去找 Limeleaf eco-Lodge 位於清邁的那個店面。當然，我好不容易找到它時，門是沒有開的。至少店面真的存在，我對自己說。

離 Limeleaf eco-Lodge 的店面不遠處，一間裝潢不錯叫做 Birds Nest 的有機咖啡店裡，許多外國背包客正在喝咖啡。那時正值一天氣溫最高之際，我想不如先避避暑，喝杯果汁同時也趁機打聽看看鄰居們對於 Limeleaf eco-Lodge 的意見如何。殊不知，站在櫃台的女生連聽都沒聽過 Limeleaf eco-Lodge。不得已我只好又上網去它們的臉書再仔細看一次大

家的評語。發現基本上去過的人都非常推薦，於是我想不如就大膽一試。旅行不就是要冒險來的嗎？我這人是那種說做就得馬上做的人，是個急性子。當下我就在咖啡店寫了封 email 去訂房。接著又嘗試用我澳洲的門號給它們打個電話，怕隔天想去，若他們遲遲未回信，豈不是又得在清邁耗掉一天。

澳洲的門號打泰國果然有點問題，我不是很確定是否有接通。但我寫完信不久後，我就接到了一通不認識的電話，講了幾句才知道，原來對方就是 Limeleaf eco-Lodge 的人，說先前我有打電話過去。還有什麼比這更高興，當然就是直接跟他們電話訂房，詢問交通方式與告知抵達時間等一次完成。

隔天當我跟 Kavil Guesthouse 的人說要去山裡

住兩晚，回來後很有可能會再住他們那時。老闆娘問我去哪裡，我說去 Limeleaf eco-Lodge。「喔，那裡呀，我常常有客人去。」老闆娘對於我要去那裡一點也不驚訝。什麼叫做捨近求遠，那一刻我才終於知道。

回想起來 Kavil Guesthouse 的老闆娘會知道很正常，她的客人幾乎都來自歐美，那同時也是 Limeleaf eco-Lodge 的主要客群。出發前看到 Kavil Guesthouse 有提供行李寄放的服務，問了價錢，說是一天兩百。兩百！不就已經等於一天的住宿費！真的是太貴了！老闆娘問我的背包多大，我把背包拿給她看。她看了一眼後，就叫我背到山裡去，說我背包又不大，不需要寄放。就那樣我帶著所有的家當，朝 Limeleaf eco-Lodge 出發。

清邁 BAMBOO 咖啡店的芒果糯米飯

雙條車事件

Limeleaf eco-Lodge 的傳單上說，若要搭車前往可於清邁北門兩百公尺外的 Chiang Puek 公車站搭黃色巴士至清萊溫泉下車。我曾到過清邁北門，因此對找不找得到黃色公車可說是一點都不擔心。或許就是那不擔心，造就了後來一連串的烏龍。

我一踏出 Kavil Guesthouse 的大門不久，一台機車旁邊拖掛著一方形小鐵籃的簡陋嘟嘟車就問我要不要搭車。我想北門走路也不近，加上至到泰國以來都還沒坐過嘟嘟車，不如就試試。問多少錢，對方說五十塊。我說四十（還是三十，忘了），對方不願意。那就算了，嘟嘟車滿街都是，且最重要的是北門並沒有那麼遠我對自己說。在泰國好不容易嘗試殺價，想不到竟以失敗收場。

走出巷子後，一台紅色雙條車（小貨車改成的公車，載貨的地方放了兩條長椅給乘客坐）剛好經過，我隨手一招不加思索就上車。那時我打定的主意是，雙條車這種當地人也搭的教通工具肯定不會多貴的。遇到紅綠燈時，坐在副駕的女人下車問我去哪裡，我跟她說去北門的 Chiang Puket 公車站，問她是否知道？她說公車站，知道，知道。問多

少錢？她回六十塊。不過由於她說得很像十六塊，我不放心又重複了一次，十六塊？六十塊她說。那時我想都已經上車了，後悔也沒用。反正我那天就是篤定了不想走路。背著行李在正中午的街上行走根本是自討苦吃。

雙條車一路往北門開去，穿過北門後，下一站就該我下車了吧，我想。殊不知，那時突然殺出兩個女生，用泰文說了個地名跟問了價錢上車後，雙條車竟然整個大轉彎，完全往 Chiang Puek 車站不同的方向開去。應該會再繞回去吧，我暗暗希望。但沒有，根本沒那回事，一直到先前的兩個女生下車了，車子也沒繞回我該去的地方。我感到不對勁探頭問副駕的女人，我要去公車站妳知道嗎？是 Chiang Puek 公車站喔。副駕駛座上的女人回她知道。

可雙條車越開越遠，古城的身影也越來越模糊。我心想跟這女人溝通根本無效，她就只會說知道，知道了而已。全盤放棄後，我本著看你們能夠把我載去哪裡的心態，一人坐在空蕩蕩的雙條車上，看著陌生的景色不斷地往後退，一條街過一條街，最後不知道多久，雙條車終於停了下來。他們是載我到一個公車站沒錯，但那是給遠程大巴用的公車站。例如，想搭巴士回曼谷或去清萊的那種地方。也就說一點也沒有我要搭的黃色巴士的影子。

下車後，我跟那個女人說你們載我來錯地方了。我要去 Chiang Puket 公車站，不是這裡。

「公車站，就是這裡。」那女人說得信誓旦旦。

「我要去的不是這個公車站，是靠近北門那個。妳還說知道，看，我都錯過公車了。」

「沒有，公車站只有這一個地方。」女人堅持己見。

看來我是真的無法跟這女人溝通，就連秀過 Limeleaf eco-Lodge 傳單上寫的公車站名給她跟司機看也沒用。於是我決定放棄，懶得跟她浪費時間。更重要的是趕緊找到正確的車站比較要緊。若我錯過十二點半的公車，就會錯過 Limeleaf eco-Lodge 在溫泉接我的車。我抱著死馬當活馬醫的心情走進大巴客運站，期望裡面的人知道 Chiang Puket 在哪裡。一位售票窗口的小姐說，要去 Chiang Puket 車站的話，需要搭紅色雙條車。紅色雙條車，我瘋了嗎？我剛剛才搭它過來而已。打死我也不想再搭它了。我走出客運站，六神無主，實在不知道還有什麼方式可以讓我正確且快速地抵達 Chiang Puket 公車站。

這時一位摩托車計程車司機走過來問我要不要搭車？我回去 Chiang Puket 公車站，知道嗎？摩托車司機說他知道。我說我要去北門的那個公車站，他真的知道？有了先前的經驗，對於隨便說知道的人，我已經完全不信任。機車司機說，他是真知道，那裡的車開往溫泉嘛！一聽到溫泉我就意識到，這人是真的知道。我問車錢多少，他說八十塊泰銖。我再問是否可以便宜一些，機車司機強調八十塊，十五分鐘就到。我想好吧，我需要趕車，懶得討價還價了。很久之後，我才意識到在殺價這方面我真的一點天分也沒有。

就這樣原本可能花個五十塊就可解決的事情，最後我卻花了超過那雙倍的價錢與時間才抵達黃色巴士所在的車站。

多花一點錢固然心情隱隱有些不快，但若非如此我也不會去搭到紅雙條車跟東南亞特有的機車計程車。最後當我終於看到期待已久的黃色巴士時，我傻住了，所謂的黃色巴士(Yellow Bus) 原來根本就是黃色雙條車。只不過跟紅色雙條車比起來，黃色雙條專開遠程。問黃色雙條車到清萊溫泉多少錢？結果才六十塊！我先前坐的那趟冤枉車都不止這個價錢，也太便宜且差太多了。不愧是給當地人當作為日常交通工具使用的車子，我心神鎮定不少，魂魄也都飛了回來。想想自我首次單獨出門當背包客起，一向都順順利利，運氣好到令人跌破眼鏡，沒道理這次會例外。當我在僅有當地人的黃色雙條車的長椅上安坐好後，我馬上就開始感謝幸運女神的照顧。

當我坐上黃色雙條車時，離發車也不過僅剩五分鐘。一想到已經錯過了跟 Limeleaf eco-Lodge 約定好的時間，我跟他們說我將會搭十二點半的黃色雙條車過去，請他們約一個半小時後在溫泉的下車處等我。但自從發生了上面去錯公車站的事件後，已經無法準時抵達。我跟司機說，我需要去打個電話，是否能等我幾分鐘？得到承諾後，我往車站的公共電話走去，投幣撥了 Limeleaf eco-Lodge 的電話。但不知道什麼原因打不通，公共電話的話筒傳來了一連串的泰文，我一字也聽不懂。怕車子等我太久，試了兩次還是不行後，只好走回車上。

我一回到車上，黃色雙條車立馬發車。太害怕一個半小時後將會在荒郊野外下車，該來接我的人又因為等太久不見我的蹤影而不耐，早早回家去。那時我豈不是叫天天不應，喚地地不靈。我惴惴不安地坐在位置上，拿著無法打電話跟上網的手機胡亂滑。突然我注意到一件事，坐在我旁邊的年輕可愛女孩，她正在使用社交軟體。一個念頭頓時閃過我心裡。

「嗨！不知道是否可以跟妳借用手機一下呢？我的無法打，但我有一件非常緊急的事情需要處理。」

「好呀！沒問題。電話是多少？」可愛的小女孩立馬幫我撥通了 Limeleaf eco-Lodge 的電話。就這樣，我解決了黃色雙條車的問題，聯絡上了 Limeleaf eco-Lodge 的人，跟他們重新約好在溫泉的 7-11 見面。

上面兩件事情都處理好後，我又恢復一副悠哉悠哉的樣子，開始對什麼都感興趣了起來。首要之事莫過於了解一下，借我手機的這位清秀的女孩。可愛的女孩叫 Kaysorn，簡稱 Kib，住在離清邁北邊約一小時車程遠的村子裡。目前在清邁讀大三，主修英文，將來想當導遊。「我的英文不好。」Kib 靦腆地說。「這個倒不用擔心，清邁一堆外國人，有很多練習的機會，英文想要變好不難。」就這樣我們有一搭沒一搭地聊著，一路往北而去。途中一位中年外國男子熟巧地上了車，看來是已經在清邁待了一陣時間，對於這往來於清邁跟問溫泉之間的黃色雙條車已十分習慣。

車子開了約一小時左右，山路逐漸往上攀爬，住家越發稀少。公路兩旁綠色植披連綿不斷，空氣變得更清新，溫度也涼爽不少。不過隨著車子一彎又過一彎，我發現不妙，我要暈車了。我把一年前去澳洲前同事送的清涼油拿出來在鼻子跟太陽穴都抹一點，期望能夠撐過這不知道還要轉多少個彎的山路。Kid說她的村子到了要下車。我趕緊跟她交換臉書，說將來有機會到清邁時再跟她約時間見面。話說當我從泰國回到澳洲後，在Kid的臉書上發現，她的村子似乎是個非常值得一去的地方，於是就約了下次去她的村子玩時，請她當我的導遊。

最後需要特別一提的是，Kid原來是個超受歡迎的人，她的臉書有三千多個朋友，三百多個追隨者。且Kid所貼的那些關於她自己的照片，簡直可以媲美網路小模。猜測拍照者乃她男友，不管如何，攝影師確實捕捉到了她最靈巧的那一面。

我的暈車症狀越來越嚴重了，可山路還在繼續……

隱藏在深山裡的生態旅館

快瀕臨我暈車忍耐的極限之際，黃色雙條車終於抵達了清萊溫泉。我到約定好的 7-11 等 Limeleaf eco-Lodge 來接我的人。我才剛在 7-11 門前站好，一位個子不高，滿頭白髮的中年男子就往我的方向走過來，我跟他揮手直覺告訴我他就是那個來接我的人，那就是 Winai，Limeleaf eco-Lodge 的老闆。

在 7-11 各自採買一些東西後，我們就上車往 Limeleaf eco-Lodge 開回去。Limeleaf eco-Lodge 離溫泉約還有十五公里連綿不斷的狹窄山路，一彎接一彎。過彎前駕駛常常需要先鳴幾聲喇叭，告知前方有車即將經過。通往 Limeleaf eco-Lodge 的山路不寬，兩台車平行通過都很勉強。那是條機車多過汽車，狗多過人的小路。公路兩旁的山坡地上種滿了拉祜族 (Lahu) 人主要的作物之一，玉米。

Winai 說他的名字代表法律或規矩，也就是一個期許自己能當個自律守法之人。Winai 的英文非常好且異常開朗健談。他說自己當過很長時間的徒步嚮導，對清邁的山區十分熟悉。他問我從哪裡來，我回台灣，由於正在澳洲打工度假，所以從伯斯 (Perth) 飛泰國。

Winai 說年輕時他也曾到過澳洲，甚至差點留在那裡工作。不過他始終還是喜歡泰國，喜歡清邁多一點，所以他回來了。「台灣是不是都是國民黨？」Winai 突然那麼一問，讓我吃了一驚。「當然不是，還有民進黨、親民黨、綠黨等其他在野黨。」我回。「妳到拉祜族的村子時千萬不要提起國民黨。拉祜族人恨國民黨，跟他們打過仗，死了不少人。現在說國民黨，他們都還聽得懂，哈哈哈。」Winai 說完以他一貫的笑聲做收尾。

拉祜人不是泰國人，他們來自雲南，一路穿過西藏、緬甸最後來到了泰北。一直都住在山裡的拉祜族人，靠著傳統的火耕技巧，在高山叢林中開墾耕地，種植稻米、玉米跟棉花。泰國的拉祜人約11萬，分布於385個村落之中。拉祜族分為五大支，分別是紅、黑、黃、白與Shehleh。過去拉祜族人的主要收入來源為種植鴉片，不過現今在泰國皇家計畫的補助下，已被蔬菜、水果與花卉所取代。Limeleaf所在的山頭的拉祜族部落屬於黑拉祜族。

經過了百分之九十的學生都是拉祜人的小學後，我們來到了一間雜貨店，Winai停下來買了些冰塊。重新上路後不久Winai把車停在一個前不著村後不著店的路旁，說接下來我得用走的了。他說他會騎越野機車上山，沒辦法載人，但幫我拿點東西還可以。於是我就把背包給他，自己開始慢慢爬上山頭。Winai說快的話大概半小時左右我就會爬到Limeleaf，走前特別叮嚀，不用趕，慢慢享受路邊的風景。老實說穿著夾腳拖我也走不了多快，且山路又小又陡，才爬個十分鐘就渾身發熱。

爬到半山腰，停下來休息往後一看，不得了。對面山腰上的拉祜族村子內，人走動的身影、交談的聲音、雞的啼叫、狗的吠喊與機車進入村子等所有的一切，我都可以從位於他們對面的這山頭聽得到。那一刻，心裡的的喜悅像煙花般綻放開來，真是來對地方了。繼續往上爬，經過一個簡陋的竹棚。棚內空無一人，但見燒剩的灰燼與一茶壺。看來是農人工作累了的小憩之處。再往上走，快抵達山頂之際，上頭傳來了劇烈的爭執聲。走近一看原來是Winai正在跟一中年外國男子不知道在吵什麼。雙方一來一往，十分不愉快。吵了一陣子，Winai 才跟我說 Limeleaf 往另一邊走。

我把背包從他手裡接了過來，問發生什麼事了。Winai 說那人是加拿大人，在山頂開了間 Boxing Camp，專門給人學泰拳。問題就在於他養了一堆野狗，總共有十七隻那麼多。養狗也罷，不教不管才是問題。「他的狗會咬人，我自然就怕，怕了當然就要拿棍子防身。但那人卻說叫我不要拿棍子，說他的狗會怕。我就說那若我被你的狗咬了怎麼辦？他竟說，若被咬了就給你錢去醫院。去他的！我要他的臭錢幹嘛，我為什麼要去醫院。喜歡養狗又不管好，有病！」Winai 激動不已。

後來當我親自見識過 Boxing Camp 兇惡的狗群後，我完全可以理解 Winai 的憤怒。Boxing Camp 不斷地撿流浪狗回山上，但對於牠們並沒有好好地教導。甚至當牠們對著 Limeleaf 的狗兒跟客人逞兇鬥狠時，Boxing Camp 的人也視而不見。其實那當下，只要他一個口令就好了，但他就是不要。氾濫且毫無節制的愛莫過於此。Boxing Camp 是 Limeleaf 唯一的鄰居，那山頭就他們兩戶人家。快到 Limeleaf 的大門時，我問 Winai 該不會當天只有我一個客人而已吧！

「不，還有一對義大利情侶。」Winai 說。

我的哈比人小屋

Limeleaf的主屋充滿了野性與禪趣。水牛頭骨、動物毛皮與鹿角高掛於木造大門前。一踏入屋內，泥地板、吧台、樓梯、粗獷的木桌椅、時鐘、老照片、拉祜族傳統服飾、巨大佛祖畫像與幾盆鮮綠的盆栽在全部由木頭搭建的空間內，營造出一種前所未有的獨特風格。我把背包放在木製長凳上，問Winai是否要先付住宿的錢？Winai說不急，叫我先享受一下Limeleaf，他說Limeleaf最重要的就是放鬆。

Limeleaf大廳外搭建了一個居高臨下面對著山谷，有著絕佳視野的陽台。除了兩張長桌椅，還有一個由竹子搭建具有遮雨棚的角落。幾個抱枕、彩色的毯子、一個圓形小茶几，那竹棚就成了旅人最愛的發呆之地。屋裡的三隻小貓咪跟兩隻小狗對竹棚眷戀不已，不，應該說他們依戀的是躺在上面休憩的旅人。竹棚旁邊是一張可以躺下的寬大竹椅，當竹棚被人佔據時，竹椅也是個不錯的選擇。竹椅後邊的牆上，擺著一尊屈膝而坐掛著蜘蛛絲的裸女銅像，與一些我不敢直視內裝有蛇的藥酒。

各國的小國旗橫掛在竹棚與陽台門口。一個用法文寫著Rue De La Soif（酒吧街）的路牌，

哈比人小屋的外觀

兩個寫著 The House of Rising Sun（日出之家）的木牌與另一個藏文木牌漸層掛在門口附近一牛頭骨與一毛皮之下。樹枝構成的不規則窗櫺前，一個小竹籃內正曬著香料。當我跨出 Limeleaf 的大廳時，Winai 說的義大人正地躺在竹棚內無所事事，那個人就是 Mirco ，一個我那時從未想過後來還會有牽扯的人。Winai 說若我需要先到房間放行李，離大廳最近那棟紅色，寫著 Hobbit House 的圓型小屋就是我住的地方。不然我也可以等 Noi，Winai 的老婆回來後再帶我過去。

我的棗紅色哈比人小屋，圓型的牆由夯土所建，像傘蓋一般的屋頂由數百片草片搭蓋而成。地板鋪上了簡陋的水泥，房中央立著一根巨大木柱，撐起整個屋子，那裡同時也是安裝電線與插座的地方。公主床一般的蚊帳由高處罩下，以完美的形狀蓋住了夯土做成基底的雙人床。彩色的毯子與床墊，加上床頭點綴的簡單插花，不知為何，我覺得我的哈比人小屋酷斃了，更別提那繪著藍天白雲的內牆。簡而言之，從室內來看，我的房間就像把一張床放在一頂巨大的草傘下。衛浴雖不豪華，卻也乾淨整潔，在這山頭之地，有那樣的設備已屬奢侈。（雖說號稱可以洗熱水澡，但不知什麼原因我待在 Limeleaf 期間，熱水從未成功跑出來過。）

安置好後，我把從山下 7-11 買的麵包跟豆漿拿到主屋外的陽台吃。經歷了早上烏煙瘴氣的雙條車事件，與弄得頭暈轉向的山路後，總算可以安心下來好好吃點東西了。殊不知，才坐下 Limeleaf 的一大兩小，共三隻貓咪就以狂風暴雨之姿衝到我的大腿上坐下，兩隻小狗也不落人後，接踵而來。到底怎麼一回事，不記得印象中貓咪有那般黏人？

不久兩隻小貓咪開始奮力吸大貓的奶。女人看到這樣的畫面往往都會軟化母性氾濫，我也不例外。當我正要開始準備讚嘆這美好的畫面之際，一直躺在竹棚的義大利人 Mirco 出聲了：「妳知道，那隻大貓，其實是公的嗎？」我語塞了：「這，這，這……」低頭一看，兩隻小貓咪依舊奮力地吸著大貓的奶，這叫我如何接受，大貓是公的？「我知道，事實就是那麼一回事。」Mirco 一副深感同情，他也能理解的表情。想必他剛到

Limeleaf也發生過同樣的事。Noi回來後，我不死心再問她一次，大貓真是公的？Noi有點不好意思地說沒錯，那是隻公貓，一副對兩隻小貓把公貓當成母貓在吸奶，也相當無奈之貌。山上的日子安靜恬淡，百無聊賴之際，戀母的小貓們把公貓當成母貓來吸奶，看久了好像也可以稍稍理解……

哈比人小屋內的陳設

山裡的日常生活

Noi對我一人出現在Limeleaf顯得有些意外，說我是她首個遇到的台灣人。Limeleaf的客人主要都來自歐美，亞洲人多為日本、韓國，偶有香港人。她告訴我歐美旅客喜歡大自然，來到Limeleaf他們都很開心。因為Limeleaf就在國家公園內，山上，森林、昆蟲隨處可見。

我問Noi，Limeleaf是否有外國人幫忙建造，在Limeleaf的臉書上曾看到相關的照片。她說當初有一些志工來幫忙。住在那裡期間由於仍屬於雨季，整個Limeleaf就只有Winai跟Noi兩人打理。Noi平時除了張羅三餐給我們吃，還需要到屋外的田裡種菜、種花，整天忙個不停。難道寬廣的Limeleaf整年都只有她跟Winai兩人照顧而已？她說淡季的時候就僅他們夫妻倆，旺季時，在英國的朋友會上山幫她處理訂房的書信，同時她姊姊也會過來幫忙，再加上一些志工。Noi補充Limeleaf住滿可容納三十人。

我本以為Limeleaf是新旅館，不過Noi說已營業了五年。就連BBC也曾到Limeleaf採訪過，亦有日本公司規定員工要分批到Limeleaf體驗，今年十一月時，還會有人到

LIMELEAF ECO-LODGE 的陽台

我和拉祜吉他

那裡舉辦婚禮。簡而言之，Limeleaf是一個比我想像中還成熟與知名的地方。

問義大利人Mirco他是如何知道Limeleaf的？他說是朋友介紹。看來會因為一張傳單而到那裡可能真的僅有我而已。幸好，我不是來到了一個只存在照片中的地方我想。Mirco與他的泰國女友Bua比我早一天抵達Limeleaf，說早一天不如說是早一晚。Noi告訴我他們前一天晚上九點多才到。一想到我走了超過半小時的陡峭狹小山路，要在漆黑的情況下重來一次，我不禁搖頭。問 Mirco 與 Bua 怎麼會晚上抵達？他們說接近傍晚才從清萊坐車過來方如此。其實若不下雨，上 Limeleaf 的山路到也不置於危險，但下過雨後，隨時都有滑倒的可能。

Limeleaf 仍在擴建中，目前 Limeleaf 僅有一間可容納多人的木屋，其他的小木屋基本上都是雙人房設計。隨著知名度的增加，到 Limeleaf 的客群越來越多元，散客與團體，安靜與熱鬧，為了應付那些不同的需求，Limeleaf 正在建造一間大房專給多人一起入住（類似青旅多人房的概念）。整個 Limeleaf 就僅有 Mirco 與 Bua 入住的牛仔小屋使用磚頭搭蓋。Noi 說那是他們蓋的第一棟小屋，建材都是從山下搬上來，搭建時的辛苦難以言述。後來他們改變了作法，決定就地取材，希望僅用山上的材料就能夠建起房子。因而，才出現了用土磚搭蓋的哈比人小屋與其他木造小屋。Noi 說他們的最終目標是像拉祜族人一樣，僅用竹子蓋房子。其中正在進建造的大屋便是使用竹子當建材。

「現在我們把有些小屋蓋在比較遠的地方，以前我們都想要把房子蓋離主屋近一點。後來發現不行，有人想開派對，有人需要休息。所以我們把他們分得遠遠的，互不干擾，大家都開心。」Nio 說。看來就算是去到了偏遠的山區，有人還是想要過著開派對的生活。想不到 Limeleaf 還有一個撞球檯。一想到得把沉重的撞球檯扛上山，我決定還是專心打球就好。雨季上山的缺點就是容易遇到下雨，雨太大了，Winai 無法帶我們去瀑布，只好打撞球。

我跟 Winai 一組，Mirco 與 Bua 一組。我撞球奇爛，可因為有 Winai 那樣的高手當隊友，加上我們運氣佳，我們還是贏了球。跟他們說許久沒玩撞球，打不好請多包涵。想不到最後當我單獨跟 Bua 玩時我進的球數竟然超過她，不過最後輸的人還是我，誰叫我把黑球打進了袋子裡。

事後 Winai 笑我：「還說不會打，但似乎贏球了喔！」

「沒贏，把黑球打進袋子了！」

「哎呀，那就死定囉。」

Limeleaf 的第一晚，Noi 給我們煮了綠咖哩、蛋炒南瓜、綜合瓜類炒肉片與及一個從市場買回用芭蕉葉包著的傳統小菜。Noi 手藝極好，就連身為泰國人的 Bua 都對她的咖哩讚不絕口。作為一個熱愛南瓜的人，試過炒南瓜、烤南瓜等各種煮法，但對於南瓜炒蛋我還是首次見到。對 Noi 說待我回到澳洲後，也想試試看。

山上的雨夜，大家吃完飯聊聊天後，差不多就想休息。回到我的哈比人小屋，睡在如公主般的床上，翻了幾頁保羅．索魯 (Paul Theroux) 的《暗星薩伐旅》(*Dark Safari*)後，我馬上就跟周公約會去了。回想起來，那是個漫長的一天，換了兩趟車才抵達 Chiang Puket 公車站，又搭了兩個小時的山路車，最後再爬將近一小時的連續上坡，我已無力多做任何活動，睡眠是最佳選擇。

PAI THAI

LIMELEAF ECO-LODGE 晚餐

不如出家當一下和尚？

Limeleaf的第二天以濛濛細雨開始，我走到外面陽台的竹棚坐下看風景、逗弄貓狗。不久Mirco也出現在竹棚內坐下。Noi問我們是否要喝咖啡。等待咖啡期間我跟Mirco閒聊，發現他也剛從澳洲來到泰國。跟我打算繼續在澳洲待第二年不同的是，Mirco已經不會再回澳洲了，原因便是他沒有繳稅給澳洲政府。在澳洲打工度假的背包客，有著減稅的優惠，通常年收入低於一萬九以下不需要繳稅，超過後在收入達到三萬八之前需要繳一些稅，超過三萬八是絕對無法退稅，只有補稅的份。而儘管減稅，若需要繳稅的話那仍然是一筆不少的錢。

Mirco在澳洲時由於從事廚師與建築兩項高薪的工作，外加常常一週七天不停的賣命上班，年收入輕易地就到了要補繳稅的層次。不過，他心理早打定主意不回澳洲，不想繳稅給澳洲政府。關於澳洲打工度假，Mirco說當他去應徵建築的工作時，對方起初僅願意給他二十幾塊澳幣的時薪，但他認為憑他專業至少也要三十起跳才行。他跟對方說他先試做兩天，若對方認為他不值三十塊以上，再來談。當然，後來對方依Mirco的要求給他了想要的時薪，只不過工作越久，Mirco越發不滿，他認為以他的專業若他的僱

雨天在 LIMELEAF ECO-LODGE 大廳生火

主改為請一個澳洲人來做同樣的事，至少也得付出五十塊以上的時薪才有辦法，因而他繼續要求加薪。倘若僅有他一人要求加薪也罷，僱主睜一隻眼閉一隻眼也就過去了。壞就壞在其他人看他要求加薪成功，大家也不願繼續忍受低薪，也開始要求加薪。身為一名僱主，首要之事莫不過解決亂源的來頭，就那樣 Mirco 的建築工作泡湯了。

回想起那些事時，Mirco 忍不住笑了出來。他說澳洲人跟很多背包客比起來做事沒有效率又懶散。我不予置評，在我第一年打工度假的日子裡，我倒是沒有特別觀察到那樣的現象。不過，背包客去澳洲打工度假所從事的大多是勞力工作是正確的。澳洲地廣人稀，之所以歡迎背包客，為的也不過是解決自己人力過於昂貴跟稀有的問題。講到背包客在澳洲打工度假一事，不得不談到各國背包客的不同。很多人說台灣人老愛跟台灣人待在一起，組小圈圈。其實英文同樣相對弱的法國人也有一樣的問題。我遇過好幾個法國人都跟我抱怨法國人只跟法國人黏在一起的事。

「那樣，就算在澳洲待了兩年，他們的英文也還是一樣破。」記得剛到澳洲時，在伯斯的法國室友那樣跟我說。可跟法國人比起來，台灣人還有一個更大的問題，那就是對於不合理工資的忍耐。其他國家的人，遇到黑工或者工資不合理時，憤而起身爭取的機率遠遠高於台灣人。在所有的背包客之中，又以來自以罷工出名的法國人為最。我曾聽過一個台灣人說，他最不喜歡法國人了，因為他們老愛抱怨這抱怨那。「有工作做就好了，到底還要怎麼樣？」那個台灣人所講的這句話至今仍在我腦海裡迴響。可我得說人生不能那樣。若真的不管環境多惡劣都默默忍受永不抱怨我倒也沒什麼好說。可是一邊忍耐一邊抱怨最讓人受不了。亞洲人習慣息事寧人的個性有好有壞，但在澳洲的文化裡，若你不發表意見，對方常會當你同意。

Noi 把咖啡跟牛奶送來，說是有機咖啡，咖啡豆來自她自己的農場。我非常驚訝 Noi 在經營 Limeleaf 之餘竟還有時間去種植咖啡豆。但 Noi 說 Limeleaf 不忙時，去農場顧一下還是忙得過來的。令我意外的是，Noi 並非清邁人，而是來自北碧府。到清邁以來，我發現很多清邁的咖啡店都使用泰國本地的有機咖啡豆。跟 Mirco 講了清邁 Mountain Coffee Bar 的事情，說那裡的咖啡可能是清邁第一。Mirco 認為論咖啡，還是義大利的最好。我問認真的？他說當然，尤其是 Espresso！說完 Mirco 還把雙指伸到嘴唇親一下，一副以義大利咖啡為榮的面貌。我說就好比我的法國前男友老說澳洲的乳酪根本不是乳酪，紅酒也難喝一樣，對他這義大利人來說，論咖啡自然還是認為義大利的最好。不過澳洲的麵包真的差得讓人忍不住抱怨，曾在巴黎工作過一年的 Mirco 也點頭同意，想起法國香噴噴的可頌，我們都忍不住快要流口水了！

不久 Mirco 的女友 Bua 也來到陽台。但奇怪的事發生了，Bua 一來 Mirco 馬上就走。起初我到也不覺得什麼，直到那天早上陸續發生了幾次同樣的事情後，才隱約感到不對勁。我問 Bua 怎麼一回事？她無奈地嘆了口氣，說他們老是這樣。原來 Bua 跟 Mirco 已是前男女朋友。一年多前 Mirco 去澳洲打工度假之前，在曼谷工作的 Bua 在朋友的介紹下認識了 Mirco 並交往。只不過交往幾個月後，兩人的關係發生了急速的轉變。有一天 Mirco 突然跟她說要去澳洲打工度假，找尋自我，就走了。跟 Mirco 交往後，考慮到有一天可能會去 Mirco 的家鄉義大利，Bua 還跑去學了義大利文。在 W Hotel 工作的 Bua 曾希望將來有一天可以跟當廚師的 Mirco 一起經營旅館。不過，世間事永遠都是計劃趕不上變化。自 Mirco 去了澳洲後，兩人的關係便日漸疏遠，最後分手。直到 Mirco 返回泰國前，兩人才又聯絡上約了一起出來旅行一個禮拜。我遇到他們的那刻，已接近旅行尾聲，兩人之間又開始出現了裂縫。Bua 最大的遺憾就是曾為 Mirco 放棄掉 W Hotel 所提供的去杜拜的進修機會。她說下次再有進修的機會她一定會去，她想要去外面看看。

陽台外的雨越下越大，Noi 告訴我們今天無法去森林徒步。我們難掩失望，只好繼續發呆、玩貓、玩狗、看書與聊天。不久 Winai 拿出吉他並在大廳內升起一堆小火，我離開陽台加入溫暖的大廳。我問 Winai 聽說吉他是一種剛學時學很快，但到了某個程度後就會一直停滯不前的樂器，是真是假？Winai 回他也不確定。說是很久沒彈吉他了。看到不知道何時又飄入大廳內的 Mirco，我問他是否會談吉他？Mirco 語氣平淡地說不會。看到 Mirco 那副百無聊賴的低沉樣，我忍不住朝陽台 Bua 所在的位置望去，唉，愛情，真是令人難以理解的東西。Mirco 與 Bua 的情況讓我想到前男友，當然我們的問題跟他們兩人的完全不一樣，但家家有本難念的經，每對情侶都有自己的煩惱。大廳內的火堆讓我心緒突然飄遠，想到了以前跟前男友在農場的時光。

看到 Winai 手臂上面的刺青，我問他哪裡刺的，身上還有別處有刺青嗎？Winai 放下吉他，脫掉上衣，一個法輪的圖案佔據了他整個背。他說是一個朋友幫他用竹子所刺 (Bamboo Tattoo)。他那個朋友的刺青很特別，想要刺什麼圖案得先請示神明，得到許可方能開始。竹子刺青，一聽到這 Mirco 精神都來了，說一直很想試看看。Mirco 的身上也佈滿了刺青，其中一個位於小腿上的幸運草引起了我的注意。我問他哪裡刺的？他回：「泰國。這刺得很失敗。我當初隨便走進一家店刺的。有了那次經驗後，以後我一定要先了解刺青師父的作品再給他們刺。」看到他那個幸運草刺青時，我就想怎麼會刺成那樣，技術也太差了，毫無美感可言。但我不好意思說出口，現在聽 Mirco 那麼一說總算可以理解。

跟 Winai 說我也想刺一個刺青，不知道是否可跟他要他朋友的聯絡方式。Winai 回當然沒問題。我跟 Mirco 決定離開 Limeleaf 後一同去拜訪 Winai 的刺青朋友。可後來我們整個忘了那回事。Winai 問我們知不知道刺青以前在泰國是犯罪的代表？我說在台灣刺青曾經也是黑道與混混的標誌之一。自古以來就有黥刑的存在，可以理解。不過現在不管泰國還是台灣，刺青的形象都已轉變，成了流行。

聊到了宗教問題，Mirco 說他一直想體驗出家當和尚。Winai 卻透露他四十幾歲時當過兩年的和尚。我問 Winai 為何四十幾歲才出家，且出家是可以選擇出家的時間長短的嗎？Winai 說當然可以，在泰國，可以選擇出家一個月，也可以選擇兩個月，隨便多久都可。他的話讓我對出家這件事整個大為改觀。在我的印象中，出家是一件極為嚴肅的事情，一個人若選擇了出家，就意味著脫離塵俗，有種一去不復返壯烈。但 Winai 卻說出家很容易，還說我若想當尼姑也可以去體驗看看，他竟把出家說得像生活體驗營一樣。我問 Winai 泰國出家是否需要剃光頭。Winai 回一般的出家不用，剃光頭的出家屬於更高層次，像我或 Mirco 謹想體驗看看出家的生活無須剃髮。不過 Winai 說他出家時他選擇了剃髮。

Winai 從書架翻出幾本相簿來給我們看，與眼前已六十歲的 Winai 相比，穿袈裟時的 Winai 看起來年輕很多。我問 Winai 出家兩年那麼久是否曾感到無聊？Winai 說完全沒有，他十分享受出家的那段時光，還說若有機會還想要再出家一次。聽了他的話，我對於出家這件事有了不一樣的觀感。出家好像從原本的與世隔絕脫離了出來，更貼近了真實生活一點。泰國的出家，與其說是讓自己擺脫塵世的庸庸碌碌，無疑更像是讓人暫時回歸本心，專注自身。「不然，也去泰國出個家一下吧！」泰國的出家給我如此這般輕鬆的錯覺。Mirco 問外國人是否可以在泰國出家？Winai 說應該可以，在清邁的某間寺廟裡曾有過一位來自澳洲的出家人。有英文佛經的寺廟就可以接受外國人出家。我們又問 Winai 泰國和尚可有什麼限制？Winai 說和尚不能開車，只能坐公車或給其他人載。「曾經有個很厲害的和尚，他非常想要開車，但因身份限制無法開車，就自己設計了一台車子，並訓練一隻猴子去駕駛。這樣他就可以輕鬆出門，又不違反戒律。」Winai 說那是他看過最聰明的人之一，若不當和尚那人肯定會是位傑出的發明家。

Winai 反問我台灣信仰什麼宗教後，又問我何為道教等等？如此這般，雨天的山中日子，雖無法去森林徒步看瀑布，但能夠在山嵐細雨中，生火、彈吉他閒聊也不錯。當天午餐，Noi 給我們做了蛋包 Pad Thai。

「等晚上雨停，帶你們去拉祜族村子吃飯、跳舞。」Noi 大聲宣布。

到拉祜族村子作客去

自到了 Limeleaf 後，Winai 跟 Noi 便常把拉祜族掛在嘴邊。那天當 Noi 說晚上要去拉祜部落喝酒、吃飯、唱歌跳舞時，我一直以為要去的就是每天我在陽台外所見，那位於對面山腰的拉祜族村子。

去拉祜族村子的那天下午，發生了一樁意外。一位拉祜族男子雙手抱著頭匆匆跑進 Limeleaf 的大廳，Winai 一見他立刻大叫 Noi！拉祜族男子走過之處無不血跡斑斑。Noi 拿了衛生紙壓住他的頭，但血流太大，衛生紙濕了又換，換了又濕，最後我把陽台的整盒衛生紙也拿過來。問 Winai 發生什麼事？Winai 說拉祜族男子砍樹時，被倒下的樹砸到頭。「這種事時不時會發生啦！哈哈哈」Winai 一副習以為常之貌。

我回房間從行李中找出唯一可能幫得上忙的木瓜霜。但 Winai 說先不要用，他需要去先去醫院清理傷口。我問醫院遠嗎？Winai 說就在山下。等血稍稍止住了一些後，便見拉祜族男子一手摀著頭走出大廳。Noi 換上布鞋，拿了車鑰匙與包包緊追在後。Winai 說 Noi 會帶他去醫院。我問那他要怎麼下山？Winai 說當然是自己走下去！我說：「可

拉祜族的小朋友們

是他的頭血流成這樣，沒問題嗎？」他回：「他若無法自己走下山，我們也救不了他。」Noi 他們出門後，Winai 拿了類似石灰的白色粉末在拉祜族男子站過沾滿了血的地板撒了撒，後再用掃把清理乾淨。我跟 Mirco 對看一眼，不由地鬆了口氣。傍晚出發去拉祜族村子前，Noi 已經從醫院趕了回來。問她情況如何。她說不算嚴重，縫了幾針，沒事。

接近五點時，我們開始出發去 Winai 所說的拉祜族村子。要去拉祜族人那裡首要之事便是先下山。跟之前上山不同，下過雨後的山路滿是泥濘，非常容易打滑。下山的過程，我們幾次都幾乎滑倒在地上。下到馬路後再坐車十幾分鐘才抵達要拜訪的拉祜族村子。原來我們所去的拉祜族村子位於另一坐山腰上。抵達拉祜族村口時，突然前方有來車，但狹小的馬路僅容一車通過，好巧不巧又是下坡。Winai 叫我們都先下車，Noi 跟他負責張羅車子的事情。

兩台車要怎麼退讓才能彼此通過，大家你一言我一語。突然有人注意到路旁有一個岔出去的斜坡，便決定一台車先退到斜坡上。Winai 的車離斜坡比較近，我跟 Mirco 本都以為 Winai 會把車倒上斜坡，結果卻是對方開上斜坡，Winai 繼續往後方退去。一來一往，花了點時間後，總算兩台車都順利通過。停好車後，Winai 趕在天黑前先帶我們在村裡四處逛逛，Noi 則是去幫忙拉祜族人張羅我們的晚餐。

參訪的拉祜族村子還維持在相當原始的樣貌，凹凸不平的泥巴小路與木建吊腳樓之間，雞、狗、豬與小孩大搖大擺地走來走去。拉祜族小孩看到外人來訪，既害羞又好奇。原本還在玩遊戲，一看到我們都愣住了，直直地盯著我們看了又看。當我們試著跟他們打招呼時，他們點點頭後一溜煙地便跑掉。不久，又從另一個角落探出頭來。有的小孩還一路跟在我們後面。經過一地有兩個巨大水塔的上坡處附近時，一個豐滿的拉祜族婦女正裸著上半身在洗澡。Winai 告訴我們那是拉祜族人洗澡的地方，他說拉祜族人洗澡時男人脫光，女人裸子著上半身就直接在戶外淋浴是他們習以為常之事。

走到一塊山坡上的空地時，Winai 指出那是拉祜族人跳舞的地方。我們造訪的拉祜族村子共有兩個那樣的場地。Winai 說等我們用過晚餐後再帶我們回來欣賞拉祜人跳舞。晚餐之前，他要再帶我們去最後一個地方，拉祜人的按摩教學中心。原來會有學生定期從清邁上山來學按摩。當我們正準備離開按摩教室時，我往下方的房子一看，剛好就看到了幾個西方臉孔的年輕女孩在屋內吃飯。想必她們就是前來學按摩的學生。我遠遠地跟她們揮了揮手，她們點頭回覆。

繼續往下走，我們路過一戶正在煮茶的人家。Winai 打了聲招呼後，率先進去坐了下來並喝起茶來。接著叫我們也進去，說拉祜人家家不閉戶，戶戶可吃飯喝茶。拉祜人的房子很像用簡單的幾條線畫出來的那種卡通式的小房子。幾根木柱插在斜坡的土裡當支撐，在與路面同高或稍高的地方用木板或竹片釘成地板與牆，屋頂統一使用木頭，簡單來說就是木造的吊腳樓。

室內空間也簡單到了可以說是家徒四壁的情況，整個屋內僅有一個小茶几大小的地方設置了兩個小火爐，用來燒飯煮菜。其他的地方就空空如也了，沒有衣櫃、桌子也沒有椅子，拉祜人沒有傢俱的概念。吃飯、睡覺等生活上的一切事情都在這小小的方形空間內完成。地板下是開放空間，用來放養家畜，如雞、豬等。跟我們一般認知的地板不同，架在高處的拉祜人的房子，他們的地板跟牆往往都是漏縫百出。Mirco 問 Winai 這般隱約可看見外面的木板牆，下雨天時不會漏水嗎？Winai 說，沒問題的。拉祜人非常聰明，他們知道房子怎麼蓋雨不會灑進屋內，就像 Limeleaf 的小屋一般。

喝完首輪茶要換新茶時，Winai 跟招待我們喝茶的兩位拉祜人順手就把剩下的茶水往自己前方的地板一倒，並在茶水消失於地板的縫隙之際，神色自然地重新倒了杯茶。Winai 看我們一副不知道到底要不要也把茶往地板倒的遲疑樣貌，就說：「倒，沒關係的。拉祜人都這樣，什麼不要的都往地板下丟就對了，是不是很方便呀，哈哈哈。」那時我總算知道為什麼拉祜人的地板不需要釘得十分緊密了。畢竟對於一個室內除了水龍頭跟兩個火爐外，什麼也沒有的空間來說，有一個可以容納廢棄物的空間是必須的。那個地方對拉祜人來說就是地板之下，吊腳樓的一樓。這也就可以解釋，何以吊腳樓的下方的泥土都十分潮濕了。

拉祜人曾代表泰國到義大利去展示他們的文化，把村子裡的木屋竹牆原封不動地運到歐洲去。首次去到歐洲的拉祜人對那裡的飲食相當不習慣，一直嚷著要回泰國回泰國，想念村子裡的辣椒米飯。「拉祜人其實也運了很多稻米跟辣椒到義大利去，不過走海運。所以當拉祜人抵達義大利時，稻米跟辣椒還在海上漂流，拉祜人只能吃義大利麵跟麵包，很不習慣。等拉祜人回到泰國了，米跟辣椒才運到那裡，哈哈哈。」Winai 逗趣地說著。知道 Mirco 是義大利人後，屋內的拉祜人興奮得嘰嘰喳喳，趕緊把護照拿出來給我們看，表明他們也去過義大利。那是他們唯一的一次出國經驗，問是否想再出國，他們用力搖頭，說還是山裡的好。拉祜人是戀家出了名的民族。喝過茶後，我們往當晚要一起吃飯的拉祜人家走去。到拉祜人家作客，隨著天際越發漆黑，越發精彩。

拉祜族傳統晚餐

世界上最簡單的結婚儀式

Limeleaf與拉祜部落合作的模式，或許可以作為一個如何發展觀光並同時延續傳統文化的典範。Winai說自某天為了找尋新的徒步路線走到Doi Modt (Ant Mountain) 那時起，他就深深地愛上了那裡的山與拉祜族文化。從Limeleaf開業起與拉祜族人一起到叢林徒步、煮竹筒飯，拜訪拉祜族的村子與認識其文化就成了Limeleaf的招牌活動之一。如何能夠讓外人認識一個部落文化的同時，又把外來的影響降到最低並讓部落能保有其獨特性，這或許是每個少數民族或特殊文化發展光觀時最需要深思熟慮的地方。

當我們拜訪位於Hoy Nam Rim的拉祜族村子時，先前已經不知曾有過多少旅客到那一遊。但展現在我們眼前的拉祜族村子仍跟數十年前差不多。一樣的泥巴小路，架在斜坡上的吊腳樓與玩得髒兮兮的小屁孩，雞、狗、豬滿地亂跑。我問Winai外來文明可曾對拉祜族人的生活造成什麼巨大的改變？Winai卻說沒什麼影響。拉祜人還是過跟以前一樣的日子。他們是多了電視、洗衣機跟機車等沒錯，但他們還是喜歡用木頭燒飯煮茶，喜歡吃辣椒、米飯。說完Winai以招牌的大笑做結尾。

拉祜族吊腳樓

不管是早期的台灣還是現今的中國大陸或泰國，隨著都市化的增高，都無法避免農村人口外流。我問拉祜族的村子是否也面臨同樣的狀況。Winai 回沒有，他說少數的拉祜族年輕人曾去到曼谷等大城市工作，可在外面待沒多久，他們就發現還是自己的老家好，最後都跑了回來。Winai 強調拉祜人對自己的村子與文化有著非常深的依賴感，基本上拉祜族人很少與外人通婚，大多都是自己村的人娶自己村的人。「所以最後大家都是親戚，哈哈哈。」Winai 打趣地說。

聊到婚姻，難免好奇拉祜族人的婚禮文化。問 Winai 拉祜族人結婚時可有什麼儀式？Winai 說拉祜族人結婚最簡單不過了。他說想要結婚的拉祜男女若確定了彼此的心意，只要去找村裡的頭目，喝下頭目煮好的兩杯茶，就大功告成，兩人便成正式夫妻。聽到這裡，我們整個都傻住了。認真的嗎，結婚喝下一杯茶就完成了！由於實在不敢置信，我又追問拉祜人都沒有舉辦婚宴或舞會？Winai 回沒有，他說拉祜人不流行那些虛有其表之事。我追問拉祜人若要離婚怎麼辦？拉祜人喝杯茶就結了婚，那麼他們要如何離婚呢，我萬分好奇。「離婚也一樣簡單。兩人再去找頭目煮茶，茶煮好後，兩人都不喝，分別倒掉，就算離婚了。」Winai 說。

我轉頭對 Mirco 與 Bua 說，這是我聽過最高境界的結婚跟離婚方式，省時、省事又省錢。想想在台灣有多少情侶因為婚宴要怎麼辦而走向分離，又有多少夫妻因為離婚談不攏而交惡。不知道是受到了都市文明的污染還是我個人對於感情這件事本來就沒有堅定的信心。我繼續問 Winai 拉祜族人發生婚外情該怎麼辦？可我實在太低估拉祜人處理人生大事不拘小節的態度了。因為 Winai 說，假如拉祜人夫妻其中一人發生了婚外情，他或她想要跟新歡另組家庭，只要付給原本的老公或老婆 1200 泰銖就解決了。「1200 泰銖就解決了！難道都沒有出現過老公或老婆不甘心的情況？」我問。「不會。你的另一半心都不在你身上了，不甘心也無濟於事。還有，若跟別人跑了後，發現還是原本的老公好，還是可以跑回來的。」Winai 極其自然地說著。

我跟 Winai 說我突然懂他為什麼說拉祜族人是一個非常快樂的民族了。很多在我們社會裡弄得極其複雜的事情，到了拉祜族人那都以非常簡單的方式解決了。更了解拉祜人的生活方式後，發現拉祜人對於婚姻與男女往來的態度跟雲南母系社會的少數民族非常相像。那或許也可以解釋得通，畢竟拉祜人本來就來自中國西南方。拉祜人結婚後，男方需要先去女方家裡共住三年，三年後兩人若有意去外面住可以另起新房。拉祜男人有著現代女性所追求的新好男人的特質，照 Winai 說，早上通常都是拉祜老公起來張羅早餐，老婆負責睡覺的。聽到這不免產生一種，嫁到拉祜族去真不錯的感覺。

泰國跟中國大陸一樣也有一胎化政策，且同樣少數民族可不受一胎化政策的約束。住在山裡的拉祜人有著自由生育與免費受教育的權利。不過，拉祜人並不喜歡把他們的小孩送到學校去。「他們認為學校去不去都沒關係。對他們來說，最重要的是學會務農的技巧。山下的小學，百分之九十的學生都是拉祜人，泰國人僅佔一點點。遇到拉祜族新年等節慶，拉祜族學生都不去學校，學校只好放假。」 Winai 說完又哈哈地大笑。

此外，拉祜族人對生日並不看重，他們不會去記自己幾年幾月幾日出生，對於年紀約有一個大概就好，例如：春天的時候生，或過年附近出生。農耕社會的拉祜族人，天天在田裡日曬雨淋，人不但老得快，皺紋也生得深。Winai 叫我們猜先前去喝茶那家的主人幾歲時，我們猜他有六十幾。誰知 Winai 竟說對方比他年輕很多。「拉祜人結婚得早，小孩也生得早，老得也快！」Winai 說。

當晚招待我們吃飯的是 Naha 跟 Jaboo 一家五口。女人主人 Naha 靦腆安靜，男主人 Jaboo 與三個小孩（兩女一男）活潑並具有強烈的好奇心。我看 Jaboo 的三個小孩不分男女都穿著花色鮮艷的寬褲，便詢問拉祜人的穿衣習俗。Winai 說小孩子基本上差別不大，男女的衣服十分相似，當然女孩子的顏色會更為花俏一些。隨著年紀的增長，已婚與未婚也會出現差別，年紀越大顏色越深，花色越發簡單。老人家基本上就是黑色。「你們有沒有發現，拉祜人的褲子不管男女，褲管都特別大？」Winai 問。經 Winai 那麼一說，我們發現果真如此。「拉祜族女人屁股都很大，褲管不寬不行，哈哈哈！且褲管寬有一個好處，你看大家晚上都睡在同一個空間，不分男女老幼，要怎麼生小孩呢？這時寬褲子就有好處啦，褲管往上一拉夫妻就可以神不知鬼不覺地製造新小孩了，是不是很方便，哈哈哈。」Winai 說到幾乎笑到岔氣了。

先前當 Winai 說拉祜族人全家大小都睡在同一個空間時，我心裡就生起了夫妻之間的房事該怎麼解決這疑問。現在聽了 Winai 如此一說，總算也有了個眉頭。Jaboo 與 Naha 家的晚餐非常豐盛美味，其中拉祜族人吃生哇沙比葉讓人印象深刻。

跟拉祜族一起跳舞

如今我房間的衣櫃裡還躺著一把我遠從清邁山區帶回來的拉祜族吉他。這有著三根弦、漆黑音箱，些微粗糙的把柄與散發著微微木頭香味的拉祜族吉他，一路輾轉跟著我搭了三趟飛機才從泰國回到澳洲。不管是從清邁到曼谷，曼谷到新加坡，還是新加坡到伯斯，海關人員都對拉祜族吉他投以關愛的眼神，問那是什麼東西。「拉祜族人的吉他，樂器，來自清邁北邊山區的黑拉祜族村子。」說完，我隨手撥了幾下琴弦。大家便露出懂了的表情，讓我帶它上飛機。這個要送給前男友的拉祜族吉他，購買前我估計它所遇到最大的風險會是澳洲海關。我曾經親眼目睹過澳洲海關沒收了一對夫妻從峇里島買回澳洲的竹製紀念品。身為一個農牧業大國，對於動植物的把關，澳洲是出了名的嚴謹。

那天當我們在拉祜族人家裡作客喝茶，那位製造拉祜吉他的樂師問我要不要買時，我內心可謂掙扎不已。直覺告訴我那是一件有趣的樂器，深具獨特性。不過澳洲海關可不是開玩笑的，假如我帶著它搭了三趟飛機，卻在進入澳洲時功虧一簣，那又有何意義。最後，秉著估且一試的心態，我還是買下了拉祜族吉他。當我進入澳洲時，海關人員除了開玩笑叫我露一手彈一曲外，什麼事也沒發生，輕易地，我跟我的拉祜族吉他就通關了，簡直不

可思議。在伯斯的巴士站等車回 Dunsborough 時也有兩三個旅客被拉祜族吉他所吸引，忍不住過來跟我寒暄幾句。得說看來這拉祜族吉他似乎頗能製造話題，我買對東西了。

製作拉祜吉他的那位拉祜族樂師肯定是聽聞有旅客到村裡來拜訪，方才帶著吉他到我們喝茶那裡露一手。當他彈吉他時，我用手機幫他錄了一段影片。樂師看到自己出現在影片中，大為驚奇，說就像上了電視般高興不已。像上癮了一樣，樂師彈了又彈，叫我幫他再錄一次影片。第二次樂師有備而來，彈得特別認真。看他那般，我實在無法不帶走那吉他。我問他若我買了他還有得彈嗎？他說家裡還有一把，我就買了。除了吉他，樂師還帶了兩把他自己製作有著竹刀鞘的小匕首。我對小匕首也愛不釋手，但考慮到沒有買托運行李，萬不可能攜帶武器上飛機便作罷。到是 Mirco 買了一把。Mirco 說他對吉他也非常感興趣，但在曼谷他已經累積了太多從東南亞其他國家所帶回去的紀念品了。Jaboo 的女兒透過 Noi 問我，花了多少錢買那把吉他？我說五百泰銖。小女孩說那麼貴！我問 Bua 這價錢很貴嗎？Bua 說她也不清楚。仔細一想，拉祜族人外遇只要花 1200 泰銖就可以輕易地拐跑人家的老婆或老公，那麼將近那一半價錢的拉祜族吉他對他們來說非常貴，似乎也不難理解。

晚飯過後，當我們抵達拉祜族人跳舞的廣場時，那裡已經聚集了不少人。有的正在廣場內隨著音樂踩踏舞步，有的在一旁休息。拉祜人跳舞的地方是一塊空的泥土地，中間有個類似土丘的小圓台，上面擺著跳舞時要用的樂器與及一些對個人來說具有特別意義的東西。Winai 說拉祜族人跳舞不是為了節慶，不見得都是因為開心才跳舞，反而有時是為了解決某些問題而跳。拉祜人把跳舞當成日常生活中的一部分，藉由跳舞來抒發他們的心情。快樂、鬱憤、祈求隨著一個又一個的踏步，逐漸化解。

拉祜人的舞步男女不同，基本上舞步的節奏隨著音樂而轉變。Noi 叫我們也下去試試，起初以為不難的舞步，跳了兩三圈我們竟然還是無法掌握到訣竅，看來拉祜人的舞也不像看起來那般容易。不然就是我真的是舞痴。跟臺灣原住民節慶時所跳的舞蹈比起來，拉祜族人的舞蹈比較像是踩著節奏在散步。獨自一人，兩兩一組，或手牽手三五成群，大家繞著一個同心圓，跟著吹樂器的人，用力地踩下每一腳，踏下每一步。也許就在那抬起與放下的腳步之間，生活中一切的快與不快，都轉於無形了。Winai 不愧與拉祜人往來了許久，拉祜人的舞步他跳得滾瓜爛熟。後來他把 Mirco 也拉下去跳舞，跟我們一樣 Mirco 的舞蹈細胞也慘不忍睹。我問 Winai 拉祜人怎麼學自己的舞步。Winai 說他們不用學，從小拉祜族小孩看著他們的父母跳，自然而然地他們就會了。「看，爸爸抱著小孩在跳舞。」Winai 指向舞池中央的一對父子。仔細一看，發現還真有不少小小孩一副老大人的樣子，踏著舞步侃侃而行。

跳完舞後，我們的拉祜族之夜也差不多要告一段落。回 Limeleaf 的山路漆黑又易滑倒，但懷著剛從拉祜族那裡得到的許多珍貴回憶，再長再陡的路大家也不以為苦。回程途中，經過一條由雨水匯成的小溪需要脫鞋跨水而過。想不到平時一副男子漢的 Winai 那時竟撒嬌說叫 Noi 背他過去。最驚訝的是，Noi 還真的二話不說就背起老公過溪。通過小溪後，Winai 得意地說：「哈哈，看我老婆多厲害。」我跟 Mirco 說，我喜歡 Winai 跟 Noi 相處的方式，他說他也是。繼續往上爬了一陣子後，Noi 說 Winai 年紀大了走不快，叫我們先行，她要陪他慢慢走。我說我也走不快，我跟他們一起作伴慢慢走，順便欣賞山中夜景。倒是 Mirco 與 Bua 體力驚人，很快就遙遙領先了我們，消失在漆黑的夜色之中。

跟泰國僧侶來一場對談

從 Limeleaf 下山後，在清邁我已沒有什麼一定要做與不做之事。當初預留下山後兩天給清邁，無非就是喜歡清邁的氣氛，無所事事也沒關係。在山上時 Mirco 提到想體驗出家之事時，我想到我買的那本二手 Lonely Planet 曾提到，在清邁有些寺廟可以讓遊客跟僧侶對談，也就是所謂的 Monk Chats。重返 Kavil Guesthouse 的首晚我把上山前留在那裡的 Lonely Planet 拿回來給 Mirco 看。Mirco 提議要不隔天就去跟僧侶聊天？我說好。

隔天清早，去跟僧侶進行對談之前，我先帶 Mirco 去 Mountain Coffee Bar 喝咖啡。我們抵達時，Kanako 剛好不在，沖咖啡的是她老公，他給我一杯有著兩人手牽手拉花的澳洲小拿鐵。咖啡送上來後，Mirco 把糖加進咖啡後使力地攪拌。我跟 Mirco 說他一定要加糖進咖啡裡？我前男友就是老愛往咖啡裡加一堆糖，且那不僅是他一人的習慣，唸大學時我去法國當義工時就發現了法國人喝咖啡的可怕習慣，一杯小小的咖啡裡竟可以放兩到三顆的方糖！「除了 Espresso 不加，基本上喝咖啡當然就是要加糖。」Mirco 理所當然地回。可我不免懷疑那些在咖啡裡放了一堆糖的人，到底是想喝咖啡還是喝糖？

清邁寺廟一景

聊到泰國的政治，Mirco 說泰王對他來說幾乎等同已死。還有在泰國切莫隨意說泰王的壞話，他在泰國與神同等級。我問他何以得出此心得？Mirco 回泰王越來越少露面，每次出現又都得坐輪椅，表情呆滯，四肢癱瘓。他認為泰王的情況無法支撐多久且已淪為鬼壘般的角色。可儘管那樣，泰王仍有著不可替代性的存在：穩定民心。

話風轉到生涯規劃時，Mirco 說他曾在曼谷知名的義大利餐廳當過一年的副廚，現在有一間在泰國離島的度假飯店要給他一個行政主廚的聘書，他不知道該不該接受。「是個有名又有錢，同時壓力也很大的工作。」Mirco 悠悠地說著。我在澳洲的廚房裡待過一陣子，知道廚師是個不輕鬆的工作，忙起來時常會有想殺人的衝動。Mirco 說跟泰國人工作時又更為辛苦。聽到他那麼一說，我不免想起日本友人 Masa 也說過類似的話。「剛到曼谷的餐廳工作時，我花了整整三個月跟泰國人協調如何工作。那時每天都神經斷線，現在一想到那，還是覺得非常痛苦。」

我跟 Mirco 說，若有了知名度假飯店行政主廚的工作經歷，以後不管到哪裡他都將會輕易地找到非常好的工作。哪知，他竟跟我說當廚師不是他最想做的事情，當志工才是。這答案讓我愣住了。想不到竟有人把當志工視做一種志向。我對 Mirco 說想當志工還不簡單，立刻去當就好了。他說清邁後，他的下一個行程就是去尼泊爾當志工，幫助尼泊爾地震後重建。我自己大學時曾到法國當過志工，他人我不知道，以我來說我發現志工若非長期持久性的那種，短期的大多都是體驗的居多。

去法國當志工以前，我對於很多海外志工需要付費參加充滿了不解。直到等我自己有了那樣的經驗後（儘管我去的地方不需要付費），我發現要他人花額外的時間來教一個突然跳出來，只待一個禮拜或兩個禮拜的人做所有事情是一件相當不容易的事。試想，當你工作正忙得要死不活之際，別人突然塞給你一個菜鳥說：「嘿，這人來這裡體驗一陣子喔，請好好教導他？」你怎麼想。我不認為一個短期的義工經驗可以改變什麼，但轉換心情或更認識自己多少是可以的。我鼓勵 Mirco 好好享受他即將到來的義工生活。甚至還開他玩笑，說也許他會在那裡遇到志同道合的義工女孩也說不定。可 Mirco 卻說想要單身一陣子。Mirco 透露他到澳洲與 Bua 分手後，曾跟幾個背包客有過短暫的戀情。我虧他不是才去一年感情生活就如此豐富。他反駁說背包客的人生就是那般，人來得快去得也快。且他認為 Bua 自跟他分手後也有過新的對象，只是她不願承認罷了。談到感情與生涯規劃，

Mirco說曾以為自己會在二十七歲時成家立業。當然那個願望沒有實現，再不久他就要二十九歲了。我說他錯過了黃金時期囉，他卻說不後悔。認為目前的生活沒什麼不好，自離開義大利至別的國家旅行與工作以來，他獲得了很多。那些是他一直留在義大利的朋友們所無想像的。

Mirco說他常鼓勵他在義大利的朋友們試著走出去看看。可惜他們總是害怕。我想會怕是正常的，人往往總是跨出了第一步後，才知道原來事情並沒有想像中的可怕。不只Mirco的義大利朋友，我相信全世界的人都一樣，比起離開人更害怕回來後的一無所有，擔心在社會上再也找不到自己的立足點。但他們忘了，出去的人永遠不會兩手空空地回來。

我問 Mirco 什麼原因讓他興起了去澳洲打工度假的念頭。畢竟他在曼谷有一份非常好的工作，有又許多要好的朋友與女朋友。他說澳洲一直是他的夢土。遙遠的大陸，海灘、沙漠、星星等，從年輕時他就一直想要去澳洲，只不過去年突然又想起，就去了。

比起 Mirco 我去澳洲打工度假完全沒有那樣浪漫的憧憬。我去澳洲只是因為我沒被抽中英國與加拿大的打工度假。去哪個國家對我來說差別不大，重點是一個跟台灣完全不同文化的國度。

咖啡時間結束後，我們出發往清邁古城中心的 Wat Chedi Lunag 寺廟。去 Wat Chedi Lunag 的途中，看到一位中國女孩站在路旁的一道白牆前努力擺出動人的姿勢，讓另一個中國女孩幫她拍照。默默經過那兩人後，沒幾秒，我跟 Mirco 對看了一眼後，兩人都忍不住大笑了出來。Mirco 問她們為什麼要在那裡拍照，那個牆他怎麼看都找不出值得拍照的點。我說我也是大吃一驚，還特別左右留意了一下，看是否錯過了什麼精彩的東西。但後來發現真的什麼也沒有。牆不美，街景沒特色。Mirco 問我亞洲人是不是特別喜歡拍從地面跳起來的照片，說他在澳洲時看過很多次。我說不僅亞洲人，西方人也會。

到了 Wat Chedi Lunag 後，我問 Mirco 要直接去僧侶對談還是先參觀寺廟。Mirco 興許是對僧侶對談有期待竟顯得有些緊張。問跟僧侶對談時我也會在那裡嗎？我說當然會，我也很好奇僧侶的生活。最後我們決定先參觀寺廟。Wat Chedi Lunag 跟清邁其他的寺廟大同小異，很快我們就繞一圈。最後面對現實的時刻來了，我們緩緩走向位於樹下的年輕僧侶聚集處。幾張石桌前，三兩僧侶一組正在跟一些西方遊客一來一往問答。

我們走到一桌前面沒有遊客的僧侶前。問是否可以跟他們進行對談。三位年輕的僧侶請我們坐下。我們率先請教了他們一天的生活作息。負責回答年紀比較大的僧侶說，他們每天六七點起床，早餐後開始誦經，接著午餐，午後不再進食謹飲用茶水，下午需打掃寺院。負責回話的僧侶二十九歲，已出家十二年。旁邊兩位僧侶分別二十二與二十五歲，出家五年與七年。研讀佛經之外，三位僧侶們也在學校唸書。年紀最大的那位即將畢業，主修英語文學，最欣賞莎士比亞。另一位才正要開始他的學生生涯。問僧侶在閱讀上有什麼限制，他們回內容正當的書籍皆可。又問是否確定一輩子都當僧侶？意外的是，他們都說不知。就像 Winai 說的一樣，泰國僧侶無法自行開車，以至於開車就成了這些僧侶最大的渴望之一。

他們的收入來源就跟全世界的僧侶一樣，主要依靠信徒的佈施。負責跟我們對談的僧侶甚至不屬於 Wat Chedi Lunag 寺廟。他從位於清邁古城外的寺廟來跟我們對談，為的是想要練習英文。聽到這不由得感嘆，僧侶比我們一般普羅老百姓似乎來得更好學。那位僧侶不僅來自別的寺廟，他甚至還不是泰國人，而是來自緬甸。他說泰國與緬甸的佛教基本上是一脈同源，差別不大。最後我們問袈裟不同顏色可有什麼特別含義。他回一樣，可不同顏色的袈裟不能混穿。

整個僧侶對談，跟我們對談的那位僧侶若一時想不出某個英文單字，就會對著我講泰文一心以為我是泰國人。經過多次強調我不會泰文不是泰國人而是來自台灣，他才真的領悟到我說的是事實。僧侶對談基本上差不多就以上面的形式進行。當我跟 Mirco 認為該問的都已經問得差不多時就結束了對話。離開 Wat Chedi Lunag 後，我們靜靜地走了一段路。最後 Mirco 受不了先發話，他說不懂怎麼會有人當了十二年的和尚還不知道自己是否要一輩子當和尚？我回我也不知道，原以為僧侶對談會派出高僧或資歷更深的僧侶出來對談的，可惜更像是一個給年輕僧侶練習外語的機會。Mirco 說他本也以為是那樣。我說興許是考慮到語言的限制吧，畢竟僅有年輕的僧侶才會英文。Mirco 說他可以感覺得出來跟我們對談的那位僧侶非常緊張，坐立難安。Winai 說過現在很多人出家，並非真心想專研佛法或修行才出家，而是因為當和尚是一個輕鬆的選擇，不愁吃穿，日子過得容易。我問 Mirco 經過了僧侶對談，他還要想體驗出家嗎？Mirco 回有機會還是會想試試。

來去看一場泰拳

下山後的清邁第二晚，Mirco 問我要不要去看泰拳？遇到 Mirco 之前，每天都會有體育館的人到 Kavil Guesthouse 更新泰拳的比賽海報，但那時我從未興起去看泰拳的念頭。可能認為自己去沒意思，又或許鑑於對泰拳的無知，還有就是對於激烈的運動抱著可有可無的心態。當 Mirco 問我時，我想清邁古城內能做的事情除了廚藝課，基本上我都做得差不多了，既然難得有人一起去看比賽，為什麼不？

我們跟 Kavil Guesthouse 的老闆問路時，他問我們要去看泰拳嗎？我們說沒錯。老闆說那跟他買票就好了，他有那裡的 VIP，若跟他買票只要三百泰銖，現場買的話要四百。我們於是跟老闆買了兩張票，順便問路。老闆說去體育館，基本上出了巷口，先左轉，城門後再右轉，遇到第一條路再左轉就到了。我跟 Mirco 把地圖再三比對，認為記得差不多後就出門去。出門前 Mirco 想用 google map 導航但不成功。我對他說跟著我走就對了，我方向感好到沒話說。一直到出了城門為止兩人都很順利，城門後往前一直走都沒左轉，我認為不對勁。兩人又繼續走了一陣子，還是遲遲未見要左轉的路。我問 Mirco 會不會錯過了左轉的路？他強調沒有。我們只好繼續往下走。

THAI BOXING FIGHTS
拳击场泰拳ムエタイ
23rd JULY 2015
INTERNATIONAL
@LOIKROH BOXING INDOOR STAD
F.LOIKROHBOXING@OUTLOOK.CO
The Best Stadium inChaingmai 2015 Near Night BaZaar (Roikroh
THURSDAY
Start 9.30
KARD CHUEK
SPAIN
FRANCE
KARD CH
FIGHTS VS. THAILAND
PAKAIDOW
BAIFERN
DE'STAR
MUENGKAN
LADY BOXER FIGHT !
TOP CLASS FIGHTS & REAL FIGHTS 100 % Start 9.30
FOR TAXI : เวทีมวยลอยเคราะห์
RESERVATION

泰拳海報

「就是這條了。」Mirco 突然停了下來，指著前方出現的路說。可我認為路名的拼寫似乎不對。Mirco 相反，他認為就是那裡，為了求證他叫我把地圖拿出來。但我自以為記憶力很好，根本沒有帶地圖。

Mirco 叫我相信他，我沒帶地圖自覺理虧只好帶著懷疑的態度跟著他往那條路前進。走了相當一段間，我又開始覺得應該要到了才對。Mirco 叫我可不可以不要那麼心急！可我真心認為走過頭了。就那樣因為找路，我們竟鬧起了脾氣來。兩人最後還是遲遲都找不到比賽的體育館，只好停下腳步。好勝的我提議不然來打賭，找路人問路看誰正確，輸的人要給對方一百泰銖。Mirco 不愧是跟我相像的人，立馬同意。達成協議後兩人找了一位路人來問，但那路人毫無頭緒。那時一台嘟嘟車剛好停在路邊。我提議不然去問嘟嘟車司機。答案是我們走過頭了，體育場在我們的後方，也就是說我贏了！那樣的結果令 Mirco 一臉鬱悶。就在兩人準備往回走時，他突然叫我走前面。我問他為什麼？他說我不是自認永遠都是對的嗎，那麼給我走前面，都聽我的就好了！真是個好面子的男人我想，打賭輸了就拿我之前提過的事情來反將我一軍。我曾經對 Mirco 說過，跟前男友在一起時，每次要做什麼事，最後往往都是我說的才是正確的。哪知他竟把那記在心裡用來反擊我。

泰拳比賽場地的入口在大馬路旁的一條小巷子前，一張貼滿了泰拳比賽資訊的小桌子，一個畫著濃妝異常過瘦的女人在那裡負責招呼客人。我們把事先跟 Kavil Guesthouse 老闆買的票拿給她，那濃妝年約四十幾的女人（也許沒那麼老）在我們的手背上各蓋了個章，說九點半開始，請提前入場。那時離開場約還有一個小時，我們於是想到 Kavil Guesthouse 老闆提過體育館附近有夜市，就想不如先去夜市吃個東西。殊不知夜市盡是賣衣服、包包跟紀念品的攤販，吃的一攤也沒有。兩人走來走去，還是找不到賣吃的。經過一間賣手工皮包的攤販，Mirco 蹲下來看了看。問他想買錢包？他說看看而已。

離開那攤位後，Mirco 問我為什麼那攤販所賣的皮包都不收邊？

「那是設計，人家故意的。」

「是懶惰吧。」Mirco 相當不以為然，說什麼在義大利絕對不會那樣。

「這裡就流行這種野性風。你要買收邊的，回義大利買好了。」

「那是當然。」我得說跟自己太過於相像的人一起行動就得有心裡準備要跟自己打一場仗。

我問 Mirco 他到底喜歡什麼類型的女人？他說像女人的女人。我問所謂的女人的定義是什麼？聽到這心中頓時燃起一把火，心想真是沙文豬。他認為女人就該有女人的樣子，而非跟男人一樣。我請他給個實際一點的例子。他說例如不能太粗魯，其中澳洲女人就是他完全無法欣賞的類型。澳洲女人怎麼了我問，因為我前男友也說過澳洲女人他也不行那樣的話。他說澳洲女人愛健身體態很好，但行為舉止完全不行。她們去酒吧時喝起酒來比男人還誇張，常常喝醉打人到處亂吐。我沒有見識過那樣的澳洲女人，我聽聞澳洲女人曾被選為世界上最性感的女人。

Mirco 對男女朋友相處有一套他自己的理論，他認為喜歡的女生一定要用追的。問交往時會選擇跟男朋友住在一起還是分開住？我說可以住在一起，但還是要留有一個屬於自己的空間比較好。他卻認為男女朋友就是要住在一起，因為那樣才能真誠地面對彼此。他說住在一起你不能吵架了就跑出去躲避，你還是得面對彼此，一起吃飯、睡覺，處在同一個空間內。那才是真實的生活，就像結了婚的夫妻一樣，不管好壞都得承受。他曾有過一段非常令人不忍的戀情。還在義大利時，一天他獲知初戀女友得到了癌症，那時他的初戀女友也不過二十出頭。Mirco 去見了她一面，最後她還是走了。Mirco 側胸刺有他姊姊的頭像，另一邊他還刺了一個女孩的頭像，那就是他不幸過世的初戀女友。我想那佔據他身體兩側的女人在他心裡肯定有著別人永遠也無法超越的位置。

回到體育館，我們在指定的位置坐下，點了啤酒邊喝邊等比賽開始。泰國啤酒常見的有 Chang 與 Leo 兩個牌子，我剛到泰國時都喝 Chang 啤酒。但自日本友人 Masa 說 Leo

更好喝後，我就改喝 Leo 啤酒。Mirco 跟 Masa 有同樣的見解，他們都只喝 Leo 啤酒。不過很久以後我也遇過說 Chang 啤酒比好喝的背包客。

Mirco 希望比賽開始前會有儀式，我問什麼儀式？他說泰拳比賽開始前通常會進行一種搭配傳統獨特音樂的跳舞儀式。我問他怎麼知道，想不到他竟說年輕時他曾在義大利打過五年的泰拳。看著眼前削瘦身形的 Mirco，很難想像他曾經打過泰拳。

不久我們右後方有了動作，Mirco 說第一組是小孩對打。我往後一看，一個目測十三四歲的小男生僅穿著短褲躺在地上，旁邊的教練跟朋友們正往他身上抹油，奮力地在他身上搓揉，讓他身體發熱。他們正在熱身，Mirco 說。我不知道原來這麼小也要出場比賽，太可怕了。他說小孩只是暖身賽，通常不會打得多認真，叫我不要太擔心。右後邊的小孩暖好身後，從我們面前經過往舞台的另一邊走去。雖是打拳擊的小孩，可也沒有明顯的肌肉線條，是一具平滑結實精瘦的軀體。「他戴粉紅色的手套！」Mirco 語氣中帶著點意外。「不能戴粉紅色嗎？」我問。「一般通常是黑色跟藍色，粉色嘛，那感覺妳知道的。」我反問 Mirco 以前的手套顏色，他回黑色。

不久另一位對打的小孩出現，跟先前的小孩相反，後出現的小孩明顯壯碩許多，腹肌線條稜角分明且看起來一副勢在必得之樣。Mirco 說看來不必打了，他認為輸贏已經很明顯。比賽開始後果然如 Mirco 所說先進行了跳舞儀式。儀式使用了一種類似嗩吶的尖銳音樂，兩位選手各自繞場一圈，回到自己的區域後，再一起往舞台中心跳舞而去。有時這個儀式雙方一起進行，有時則是單方。說到拳擊不免給人一種剛硬之感，但當拳擊手開始跳起拳擊之舞時，他們跳舞的節奏與柔軟卻異常優雅動人。Mirco 說像泰國人那樣小而精悍的身材比較適合打泰拳，過於高大的人反而沒有優勢。

妳認為哪個會贏 Mirco 問我？我回既然他認為壯的那個會贏，那我就選瘦的那個。比賽開始後，事情出現了巨大的變化。瘦小的那個小孩從頭到尾都一副無害之樣，慢條斯理、不疾不徐。壯碩的小孩心浮氣躁，每次進攻都不得要害。與之相反，弱小的小孩不出手則已，一出手必得分。最後壯碩的小孩被瘦小的打得倒地不起，瘦小的那位贏了。Mirco 對於比賽結果非常意外，我說正是那樣比賽才有趣吧。看到被擊倒的小孩痛苦地躺在地上，我問 Mirco 拳擊比賽是否會死人？他說泰拳不太會，跟普通的拳擊比起來，泰拳可使用手腳來防護與攻擊，跟一般專門攻擊頭部的拳擊相比，泰拳更多變化、較安全，也較受歡迎。

我們去看比賽的那晚從張貼在 Kavil Guesthouse 的海報來看，應會有一位西班牙選手、一位法國選手、四位男性泰國選手與泰國青少女選手。不過比賽並非照海報上所說的出現，例如第一組的小孩就沒有列在海報上（應是取代女孩組），還有法國人也沒出現，代替他出現的是一名有些微胖的泰國選手。整晚的泰拳比賽高潮，非西班牙人與微胖的泰國選手那場莫屬了。那一場之所以有話題，除了是本地人對法瑯（泰國人稱外國人為法瑯），還有胖與壯，靜與動那樣的對比。我們又開始賭誰會贏，而我們投給泰國選手。微胖的泰國選手散發著悠哉、游刃有餘之感。反觀西班選手，愛出風頭又躁進，給我一種討人厭的感覺。

西班牙與泰國之戰，進行了相當多回合。最後毫無意外地是泰國人贏了。但不知道是為了保留法瑯的面子還是怎樣，結尾就以得分多者獲勝做結束，而非泰國人把西班牙人打得滿地找牙的畫面。Mirco 說像清邁那樣的泰拳比賽，一般他不會特別想去看，因為擺明了就是給觀光客看，表演性質居多。我環顧四週，發現果然都是拿著相機的死觀光客，且相機還舉得超高，一直擋到我們的視線。「法國人沒出場，難道逃跑了？」Mirco 開玩笑地說。「誰知?也許吧。」我就知道他要虧一下我前男友的國籍。

環顧比賽舞台四周，盡是播放著吵雜音樂的酒吧。僅有零星客人的酒吧內，年輕的泰國女孩們百無聊賴，有的乾脆打起撞球來。有的呆坐門口，一看人群經過，便立刻起身問喝酒嗎？比賽結束走出體育館，發現下過大雨。街上水窪東一處西一處。回程的路上再次經過許多空蕩並且有著大量年輕女孩在門口無聊地等著客人上門的酒吧跟按摩店。我對 Mirco 說每次看到年輕女孩們在酒吧與按摩店門口等待的景象，都讓人都覺得悲哀。尤其是看到好幾個年輕女孩攬著發福的白人中年男子時。

跟這裡比起來，Pattaya 更不堪入目 Mirco 如此回我。我早已聽聞 Pattaya 的情況，可因為在曼谷時 Masa 跟我說儘管如此，Pattaya 還是有值得一遊之處。哪知 Mirco 卻說那裡很可怕，他去過一次後再也不想再踏進那裡。他解釋 Pattaya 還衍生出伴遊那樣的行業，會講英文跟泰文的年輕女孩一手包辦了西方男性遊客的所有事。從伴遊、翻譯到其他。我開玩笑地說，既然白皮膚的西方人在亞洲如此吃得開，要不要盡情利用一下此優勢？他一臉不以為然地說沒有那必要。在泰國女孩比男孩來得值錢，因為女孩至少還可以賣掉，男孩只會整天好吃懶做，無所事事。我問他所謂的賣是指何意？當妓女我是了解的，但牽涉到人口販賣就⋯⋯「很多變態的歐美中年觀光客，專門到泰國找年輕小女孩。貧窮的鄉下父母，為了錢就會把未成年的小女孩賣給那些有特殊僻好的人。」Mirco 說。

我也不是猜不到那個可能性，但聽到有人親口說出來還是忍不住生氣。我問 Mirco 可有什麼辦法解決販賣雛妓的問題？他回沒有。理由是觀光業是泰國賴以為生的經濟命脈之一，且就算泰國禁止賣春，還有緬甸、寮國與柬埔寨等其他東南亞國家樂於敞開大門取代泰國歡迎歐美旅客到他們那去消費。聽到這，我深深地嘆了口氣。即使這世界現在好像已經很先進很文明了，但有些問題千百年以來一直都還是存在著，或者更加惡化。

「人都有選擇，那些年輕女孩可以選擇不要一直當妓女，也許一開始迫於無奈，但若有決心，她們可以決定未來的人生。」Mirco 說。可我沒那麼樂觀。假如那些女孩從小就被賣了身，或者剛出社會時因貧窮而賣春。一旦從事過那樣的工作後，要再回到正常的軌道談何容易。一是想跟普通人一樣結婚很難。二是當有過藉由賣春而輕易地得到相對比較高的收入後，突然要她們轉到一般泰國的平均收入不容易。我改問 Mirco 他是否願意在泰國建立自己的家庭？有點像是藉由從自己做起，一點一點地去影響社會的味道。Mirco 回他還是比較想要回義大利組家庭。

泰拳之夜想不到竟是以泰國妓女的話題作結束，實在太沉重了。回到旅館時，我感到異常疲累，搞不清楚到底是泰拳太刺激造成，亦或是看了過多等在酒吧與按摩店的年輕女孩們的放空臉孔所致。

來自大理古城的牽絆

清邁的最後一天 Mirco 已不在，我照慣例去 Mountain Coffee Bar 報到。Kanako 仍在睡覺，我告訴她老公就要離開清邁了，他給我送上了一杯帶著哭泣的臉的咖啡。Kanako 起床後問我想不想認識她一位會講中文的朋友。那就是飛飛了，一位剛從大理搬到清邁的自學畫家。飛飛下定決心搬到清邁長住前，曾先到清邁場勘。就像她以前決定搬去大理定居前一樣，每次只要決定要到某個城市長住，她都習慣先去實際考察過後才做決定。

飛飛不是大理人，而是湖南女孩。「湖南女孩顧家，重感情。」我引用了三年前在大理時，飄香老闆對湖南女孩的形容，並跟飛飛說我也有一個來自湖南並在大理開了客棧的朋友。她問我，我所說的那湖南女孩開的客棧該不會就是大理古城，海豚阿德書店附近位於廣武路的那間吧？我說沒錯，就是喬安的《喬客棧》。想不到她竟說喬安是她在大理古城時的鄰居！

喬安是三年前我去大理自助旅行時認識的朋友，那時的喬安每天都在大理古城的大街小巷上貼尋屋廣告找適合開客棧的房子。曾經有一段時間，她還跟我一起擺地攤。就連

離別的臉孔

後來她開客棧的老房子也都還是我們兩個一起找到的。我問她可知喬安已經把客棧轉賣給一對台灣夫婦並去以色列找她的男朋友了？飛飛說她還不知道。不過喬安的客棧在大理知名度非常高，做得有聲有色。我高興地跟 Kanako 分享飛飛跟我有共同的朋友。世界實在太小，緣份是一件相當奇特的事情。我問飛飛如何認識 Knanako？她說剛到清邁時她天天去一家豆漿店喝豆漿，最後跟老闆變成了好朋友。透過豆漿店老闆的介紹她認識了 Kanako 在清邁開日本料理店的朋友，最後就來到了 Mountain Coffee Bar。

為了可以長期待在泰國，飛飛註冊了清邁的語言學校，拿到了一年的學生簽證。Kanako 告訴我，她之前也去唸過那間語言學校，不過她並不是什麼認真的學生就是了。既然飛飛認識喬安，我問那她可認識海豚阿德書店的阿德他們。她說不算熟，不確定阿德是否記得她這號人物。海豚阿德書店的老闆阿德也是我在大理時認識的朋友之一，他開了一間大理最美的獨立書店。

我問飛飛在大理做什麼工作？她回起初在大理擺攤畫畫，後來租了間店面轉開個人工作室。我告訴飛飛 2012 年時自己也曾在大理擺地攤賣過香水跟香膏，生意還過得去。她說我走了之後她才抵達大理，等她開始擺地攤時大理的氣氛已經改變了很多。擺地攤不但變得要收費，自己創作的藝術家也減少許多，大家都改成去淘寶淘東西來賣。一些

飛飛與她的作品

老大理們不是不做就是轉為在自己的工作室接待熟客。至少我還有趕上大理好時代的尾巴，飛飛欣羨地說著。

飛飛講的事情，自我回台灣後，從喬安口中我多少也獲知一些。跟她一樣我對於大理的改變非常傷心。大理是我人生目前為止所旅行過的地點裡留給我最美好回憶的地方之一。在那裡我形塑了今日的我，也是在那裡我才真正地成為了一名背包客。海明威曾說「如果你夠幸運，在年輕時待過巴黎，那麼巴黎將永遠跟著你，因為巴黎是一席流動的饗宴。」我年輕時沒有待過巴黎，但我待過大理，大理就是我的巴黎，它有著無可取代的存在。我問她可曾聽說海豚阿德書店要出一本由老大理們所介紹的大理雜誌書《蒼山下》？飛飛說她還不知道，我說等書籍出版後有機會她可以看看，且那是本我也在裡面貢獻一點小心力的書籍。飛飛直說她迫不及待等著要讀了。

清邁很多時候都給我跟大理古城一樣感覺，我問飛飛她是否有同樣的看法。她說其實那就是為什麼她從大理搬過來的原因。她告訴我很多老大理們受不了大理的轉變，都逐漸退到東南亞來了，其中清邁就是一個重要的據點。清邁氣候好，物價也不高，是個易居的城市。就連家家戶戶都種植綠葉紅花的習慣也跟大理有著異曲同工之妙。若待不了大理，清邁確實是個相當不錯的選擇，可大理的蒼山洱海對我來說仍舊是一道最美的風景。飛飛已經著手在清邁開一個工作室，她帶我去參觀了她那位於 Kanako 朋友的日本餐廳下的畫室。飛飛說一切才剛開始，很亂也還沒有什麼作品。

我問飛飛是否本來就學畫畫出身，她說不是，畫畫是興趣，畫著畫著就一路畫下來了。為了減低開銷，她在住的旅館幫忙做事抵房租。不過之後會暫停旅館的工作，她發現若繼續那樣會沒有時間畫畫，而若無法創作，那麼一切就都沒意義了。認識飛飛後我再次感受到了大理與我的奇妙連結。三年前的大理之行對我的影響難以言喻，在那裡認識的朋友、那裡的故事，儘管已經三年了卻從未斷過。與飛飛的相遇，不但讓我擺脫了 Mirco 離開的低迷，還再次讓我體會到了旅行的美好。想想前一晚我還在為舊朋友的離開而傷心，但隔一天新朋友所帶來的驚喜就讓我彷若重生。這就是旅行吧，有人離開，就有人來，這一來一去之間道盡了旅行的一切。儘管本是兩個互不相識的人，但難說哪一天不會因為有著某個共同的城市或朋友的回憶而有了交集。三年前我曾問過在大理認識的北京男孩不知道以後是否還會再見？他說：「我越來越相信人與人見面是有原因的，我們的相識讓彼此的大理記憶更加美好，不是個力證嗎？所以也許都沒機會再相見，那又有什麼關係。妳在我心中都會是一個特殊的存在。下次踏入大理人民路的時候，和大家擺攤、喝酒、玩牌的記憶一定會瞬間閃現。而我很確定那會讓我不由自主地露出笑容。」

我想 Mirco 也好，北京男孩也好，前男友也好，所有那些我曾在路上遇過的人他們都一樣，若緣份夠深，在這世界的某個角落總還會再相見。那或許是一年、兩年、三年甚至十年，但那又有什麼關係。三年來，我改變了許多。記得三年前當我收到北京男孩的信時，我一度氣憤不已，想說什麼不見也沒關係，若不能再見又有何用。三年後，我慢慢已經可以體會他的想法，了解到很多事情強求無用，敞開心胸去接受有時反而會有意外的收穫。倘若真的見不到，那麼至少我們還曾讓對方有過美好的回憶不是嗎？某日，當我們重遊那城市時，當我們談起那地方時，那些曾經在那裡交集的身影們，肯定會讓我們不由自主地讓露出笑容，因為我們都豐富了彼此的旅行。

旅行不停止，故事將繼續……

Chapter 03

峇里島

旅程未到終止時

在清邁當我跟 Mirco 說眼看泰國的旅行即將告一個段落，卻仍未有是時候該回去了的感覺時，並不是為了暗示他我想跟他去尼泊爾才脫口而出，而是真的還未產，這次的旅行已經夠了那樣的覺悟。這種還不夠的懸念從清邁回澳洲的路上，一直縈繞不去。於新加坡轉機時，還要去哪裡再旅行一陣子的念頭更是直衝腦勺。我在樟宜機場打開航空公司的網頁，瀏覽了去越南與去峇里島的機票，最後甚至連尼泊爾的機票都查看了一下。

沒去過的地方，不管是哪裡都好。但正因為都好，反而無從下手。最後我選擇先搭上返回伯斯的飛機，回到 Dunsborough 那個我熟悉的小鎮。可旅行的呼喊並沒有因回到澳洲住了一年的美麗海邊小鎮而減緩，每次跟朋友見面時，我依舊嚷嚷覺得還不是該回來的時候，應該要再去哪裡一陣子才對。起初朋友們都以為我只是隨口說說，直到一個禮拜後我又訂了出發前往峇里島的機票時，他們才終於意識到，我是認真的。選擇去峇里島，對在澳洲打工度假的人來說，最主要的理由莫過於距離近與機票便宜。對我來說除了前兩者，還有一點那就是看了我前同事去龍目島 (Lombok) 玩回來的照片後，我發現原來在光觀化的峇里島附近還有一個位於龍目島叫做 Kuta 的地方有著小漁村、雪白沙灘與天真

漁夫與觀光客

笑容的小孩。於是帶著僅知的兩個地名峇里島與 Kuta Lombok，我又再度踏上了旅途。出發到伯斯前，除了預訂抵達峇里島當晚的住宿外，我就只知道假如要在峇里島搭計程車，一定要選擇藍島 (Blue Bird) 牌這件事。其他對於峇里島到底要怎麼玩，還有從峇里島去龍目島的資訊完全是零。

想想每次旅行我幾乎都是以那樣的狀態出發，去泰國前除了查好如何從機場抵達第一晚的住宿地點外，也僅從朋友的推薦那知道有大城（Ayutthaya）與北方的清邁兩地而已。懷著那樣少少的規劃出發，並沒有減少任何一點旅行的樂趣，有時反而處處充滿著意外的驚喜。背包客棧上曾有人討論旅行到底要不要事先規劃行程這件事。對我來說規不規劃完全依個性而定，沒有一定的對錯。喜歡事前明確地知道一切路線與入住地點才有安全感的人，規劃一下讓自己安心不是更好嗎？不介意住哪裡、搭錯車與隨時改變地點等之人，就且走且看也沒有什麼不好，反而更自在。當我住進伯斯的 The Emperor's Crown 青年旅館時，對峇里島的認識我還停留在那裡很多 Villa 那樣膚淺的認識上。吸引我去旅行的從來都就不是峇里島，而是那未知還保有純樸之感的龍目島。

年初回台灣我曾入住過 The Emperor's Crown，對它乾淨整潔的房間與大廳留下了深刻的印象。所以這次去峇里島前要在伯斯住一晚時，The Emperor's Crown 也成了我的首選。不過當我打開 The Emperor's Crown 八人房厚重的大門時，直接飛進我腦海的第一個想法是這真的是我住過的同一家青年旅館？陰暗的房間、四處散落的背包與物品，先前的那種明淨感跑哪去了？當我意識到整個八人房就只有我一個女生，而其他七個大男生已經不知道在那裡住了多久時，我完全可以理解八人房何以亂糟糟。The Emperor's Crown 肯定是把短暫停留的旅客跟打工度假長住的背包客混在一起了。反正僅是一晚，我跟自己說。比那更糟的也不是沒住過，既來之，則安之。倒是晚上有的男室友回來，發現多了一個女生時，錯愕不已。八人房厚重的大門雖常帶給我窘境，但多虧了它我的峇里島之行才有了眉目。好幾次我無法成功開門時，都被同房的一個捲髮男室友，Jonas 給解救了。

Jonas，來自德國，熱愛衝浪，剛從峇里島衝浪三個禮拜回來。先前在墨爾本念書，念一念感到與自己想像的有所不同，就暫停了學業。他問我是否有聯絡好機場接機的司機？我說還沒有，我毫無準備。他說峇里島還是先約好接機的人比較好，何況我又是半夜抵達。於是他給了我 Kadel 的 e-mail，說是位可信賴的司機。他說我可以寫信給 Kadel，說是 Jonas 推薦。除了提供司機的聯絡方式，Jonas 還推薦了我去烏布 (Ubud)、Padang Padang 與 Bukit。於是除了 Kuta Lombok 外，對峇里島我又多知道了三個目的地。我問 Jonas 下一步想怎麼走。他說預計先在伯斯找工作做兩三個月，存點錢後再回峇里島或去東南亞別的國家。

一直到我回青旅拿行李去機場時，Jonas 還跟那天早上我出門時看到的景象一樣，繼續在青旅的大廳埋頭於電腦之間。因此，可以想像當我半夜抵達峇里島，Kadel 於載我去旅館的路上告知，Jonas 隔天也要到峇里島時，我是多麼地震驚。我跟 Kadel 說我不相信，Kadel 卻說他昨晚收到 Jonas 的信，Jonas 跟他說他要到峇里島旅行一個月。由於實在過度震驚，一到旅館我就給 Jonas 發了封信說：「嘿，Kadel 說你明天要來峇里島一個月，是真是假？記得我離開青旅時，你還一動也不動地盯著電腦螢幕，早上出門就看你在那裡了，下午回來取行李時，你依然還在那。」Jonas 回信說，沒錯。他確實隔天就要到峇里島一個月了。但特別強調，自己沒有整天都待在電腦前。Jonas 要去 Canggu。我上網查了一下 Canggu，發現那是一個還沒那麼

水明漾的海灘

觀光化的衝浪點。通常只要看到沒那麼觀光化我就會被吸引。我想不如也去那看看，於是又跟 Kadel 約了車。

殊不知，隔天一早當 Kadel 來接我，問我去 Canggu 幹嘛時，我說看看田，騎騎腳踏車吧。他追問我衝不衝浪？我回沒有。既然如此，他說我還是直接去烏布比較好，那裡的梯田更美，更適合騎腳踏車。我這人也相當隨性，既然 Kadel 都那樣建議了，我哪有不聽的道理，於是就改叫他載我去烏布。如此這般，我在峇里島沒跟 Jonas 見到面，就隨意地展開了一段想像不到的峇里島與龍目島之旅。

從漁村到購物天堂的轉變

水明漾（Seminyak）是峇里島一個滿是精品家飾店、高級服飾店、奢侈度假 Villa 與酒吧的新興時尚購物天堂。Lonely Planet 對水明漾的介紹是它的沙灘比 Kuta 來得安靜一些，沒那麼擁擠。我峇里島的第一個落腳點之所以選在水明漾，完全僅是因為那裡有一間便宜的青年旅館且似乎離機場不遠（到了之後才發現，也沒那麼近）。就像先前所說我對峇里島的認知，還停留在字面上的層次，Kuta，水明漾等聽都沒聽過。

當我走在水明漾灰色的沙灘上時，出現在我腦海裡的第一個疑問就是以度假勝地出名的峇里島，難到它的沙灘不過就如此？澳洲打工度假一年，看過許多美麗的沙灘與白如雪的袋鼠海灘 Lucky Bay 後，我對沙灘的標準已提高。峇里島的天空是藍的、海水是清澈的，但感覺起來離度假聖地一詞還有一段距離。沿著水明漾的沙灘一路往下走，盡是穿著比基尼跟泳褲躺在沙灘椅上做日光浴的歐美旅客。海浪起伏較大的區域，衝浪手的身影時隱時現，一棟比一棟更豪華的泳池度假飯店臨海而立。突然一戴斗笠撒網捕魚的漁夫以鶴立雞群之姿出現在遊客之中，靜靜地把網撒出去，收回來，再撒出去。漁夫的出現，讓人想到也不過十年前，水明漾還是個不起眼的安靜小漁村。

海邊的捕魚人

大熱天在無止無盡的沙灘行走，不久便覺頭暈腦脹、口渴難耐。放棄找到一個更好欣賞衝浪的地點，我選了一間漆著五顏六色的海邊小酒吧坐下，以一瓶峇里島啤酒Bintang正式開啟我的峇里島度假生活。直到後來我才知道，不管是峇里島、龍目島還是吉利群島（Gili Islands），炎熱的下午最適合做的事莫過於無所事事。喝啤酒期間，在酒吧前做日光浴的一家三口歐美家庭吸引了我的目光。帶著小小孩的年輕父母，以百分之百的認真態度，不厭其煩地跟他們的小孩玩樂：魔術把戲（爸爸把帽子秀給小孩看一眼後，立刻趁其不注意之際，把帽子藏在遮陽傘之上）、打水仗與沙灘追逐。那家小孩子的笑聲跟笑臉，不由自主地讓人認為，這天下最幸福的小孩非他莫屬。雖說是人潮眾多與高級購物天堂之地，水明漾的亞洲臉孔並沒有我想像中的多。僅偶爾一兩對情侶打酒吧前經過，被它繽紛的外觀所吸引駐足停留，拍照以示到此一遊。

我曾說過旅行到一個地方，有三件事被我列為首要目標：找到一間好旅館，找到一間好咖啡店與找到一間好餐廳。水明漾雖是我誤打誤撞才去到那的，但以上三樣旅行要事卻輕易地讓我完成了。在我住的Guess House青年旅館附近，一間叫Revolver的迷你咖啡小屋，有著令人驚豔的咖啡。之所以注意到它，是因為不懂何以一間如此不起眼的小店，能夠吸引那麼多歐美旅客且每個在喝咖啡的人，都露出一副享受之樣。於是我也踏進了那小小的咖啡館，說小是真的很小，整個面積含廚房跟用餐區，可能都不到四坪。

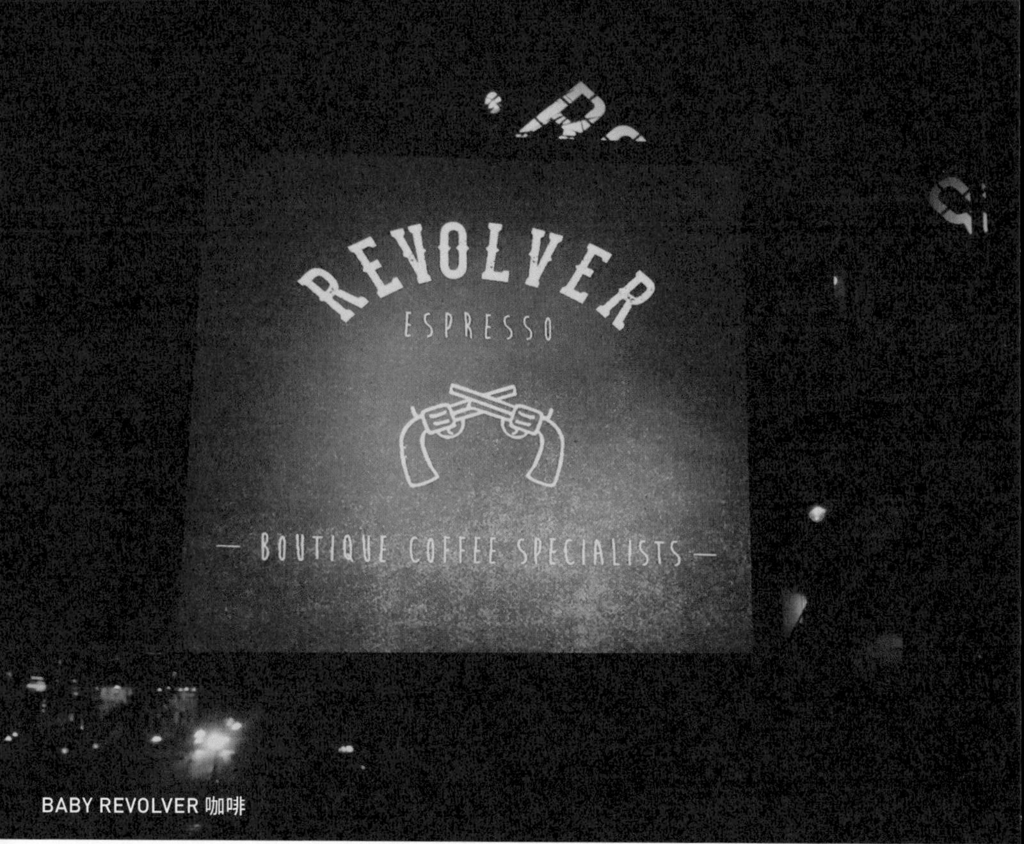

BABY REVOLVER 咖啡

這樣小的咖啡廳除了咖啡，也供應早餐。

在水明漾的兩個早上我都到Revolver報到，從客人與店員的交談中，我得到了以下訊息，那是一間回客率很高的店與Revolver還有一家更大的總店。後來我才知道，我去的那家迷你店叫Baby Revolver，專攻外帶客群，甚至連外送到飯店跟Villa的服務都有。他們漂亮的總店位於水明漾的中心。Baby Revolver附近有一間叫Warung Eny (The Love Cooking)的峇里島傳統小吃店曾被選進峇里島在地餐廳的前十名，也被我誤打誤撞地給吃到了。位於 Jalan Petitenget 上，在豪華 Villa 與異國餐廳之中，樸實的 Warung Eny 靠著美味與新鮮的食材，留住客人的腳步。跟一般 Warung 最的大不同在於，Warung Eny 不但有開放性的廚房，還有烹飪教室，提供峇里島傳統菜餚教學。Warung Eny 最好認的地方在於他們那位於店門口的烤肉架。營業時間，年輕的店員在烤肉架上雙手忙個不停，一排又一排的肉串輪番上陣，香氣逼人的烤肉味常常讓路過的旅人駐足停留。從 Warung Eny 牆壁上密密麻麻的照片可以一窺它受歡迎的程度。

我在水明漾停留的時間也不過兩晚一天，但在那樣短暫的時間內，碰巧就遇到了 Revolver 與 Warung Eny，實在非常幸運。離開水明漾前，Guess House 親切的櫃檯給了我一張寫了參觀景點的字條。我本以為櫃檯說過會把推薦地點寫在紙條上給我僅是說說，想不到他是認真的。對於 Guess House 我完全沒話說，假如再次回到水明漾，除了住那裡，我想不會再有第二個選擇。從伯斯的 Jonas 到 Guess House 的櫃檯，我峇里島之旅的路線逐漸展現。水明漾後等待在前方的是號稱峇里島藝術文化心臟的烏布。

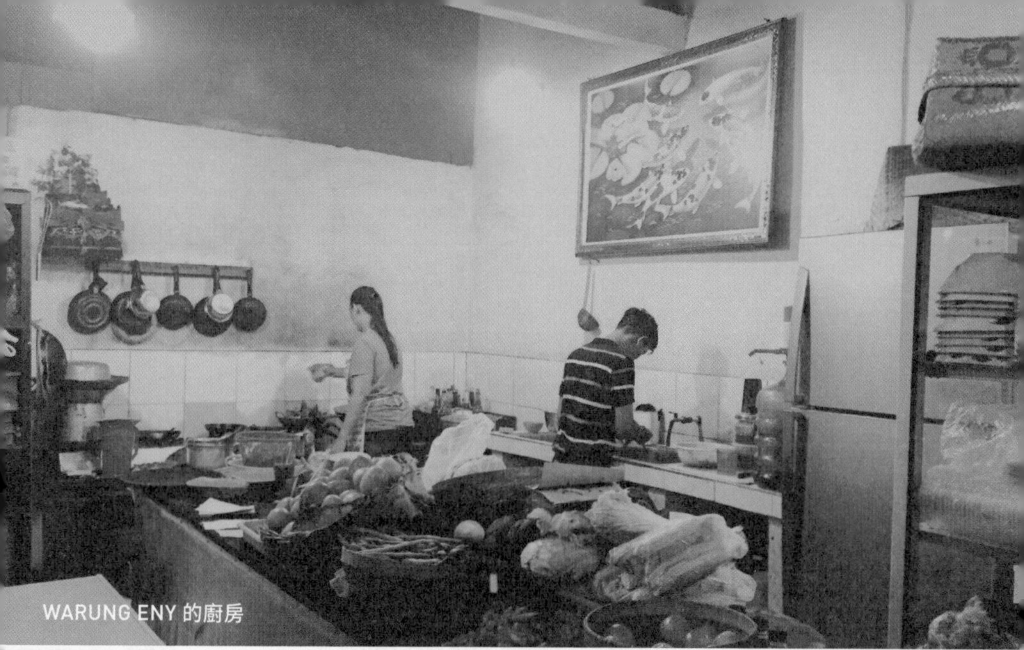
WARUNG ENY 的廚房

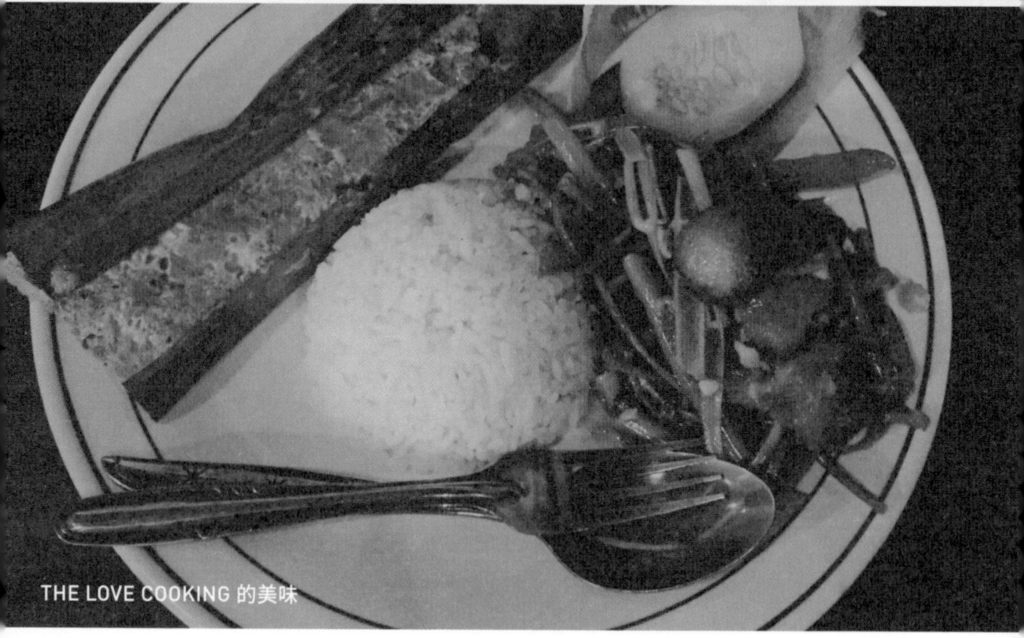
THE LOVE COOKING 的美味

烏布，峇里島藝術與文化的心臟

出發往烏布前，我並沒有事先預定好旅館，對烏布我僅有的住宿資訊是之前在找水明漾住宿時，所存的一間叫作 Eka's Homestay 的地址。Eka's Homestay 同時經營民宿與峇里島傳統音樂教室，擁有典型的傳統峇里島建築，綠意盎然、悠閒安靜的院子，一走進它的大門時我就已經喜歡上它了。唯一的問題是它僅有雙人房，一人一晚二十五萬印尼盾。那樣的價格超出了我的預算且雙人房對我來說實在太浪費。對才剛包了 Kadel 的專車到烏布的我來說，省錢是首要之事。我問接待的人難道他們完全沒有多人房嗎?他回沒有。

於是儘管我非常喜歡 Eka's Homestay 也不得不踏出它的大門，在烏布滿是車流與人群的大街上找起更便宜的旅館來。烏布下午的太陽熱得跟燒了起來似的，很快我就意識到在街上胡亂找旅館不是辦法，加上還沒吃午餐飢腸轆轆。我決定還是找個有網路的餐廳，先用網路找點資料，鎖定幾間旅館再一一去詢問比較好。找旅館這件事，急不得。令人意外的是烏布的青年旅館選擇不多，我謹找到 Happy Mango Tree 跟 Happy Monkey 兩家。從 Lonely Planet 的評價上看來，Happy Mango Tree 的氣氛比較悠哉放鬆，於是我便決定先去那裡問看看。

bts karna
tour & tourist service
• Cycling Tour
• Rafting Tour
• Shuttle Bus

雞蛋花盛開的烏布街頭

Happy Mango Tree 所在的 Jalan Bisma 與烏布主街相比呈現出全然不同的風情，田野、花園、小巷都在觸手可及之處。走在田間小徑上，那時我認為所謂的烏布精神也許就在 Jalan Bisma 這條路之中了。對於等待在前方的 Happy Mango Tree 也懷著極高的期待。經過路人的指引我終於找到先前早已路過的 Happy Mango Tree。從院子的裝潢來看，那確實是個放鬆的地方，唯一的問題就是沒有空床位。也許因為 Happy Mango Tree 與 Happy Monkey 都是 Happy 開頭，我竟以為他們是同一個老闆所經營。因此當 Happy Mango Tree 的接待櫃檯告訴我已經沒有床位時，我竟問了那他們的分店是否有空床位？對方說他們並沒有分店。再問何時有空床位，他說隔天有，問我要不要，我於是請他先幫我預約兩晚。後兩天的住宿解決後，眼下的問題就是當晚落腳何處？Jalan Bisma 太美了還有僅一晚過後我就要搬到 Happy Mango Tree，所以我想不如就在這條田間小路上找個地方安置一晚便好。殊不知，找了幾間看起來便宜的去看不是沒開就是超出預算。

從小巷弄走回主街，看到一組女性背包客一副也在找住宿的樣貌，我便決定跟隨在她們之後，想說也許她們已經有情報。結果她們跟我一樣，毫無頭緒。我們試著走了一兩個小巷，發現我們疑似可以負擔得起的住宿不是客滿就是大門緊閉。再次返回主街，我跟那來自德國的兩位女生說，她們有兩個人，若覺得二十五萬印尼盾還在預算內，可以考慮去住 Eka's Homestay，兩人平均下來那裡跟住青旅的價錢差不多。我說若真的找不

烏布裝飾繁複的家族廟宇

到旅館，我也是會回去那裡過夜。她們想先知道 Eka's Homestay 是否為峇里島傳統建築，我說是了之後，她們就決定直接往 Eka's Homestay 出發。那時我也放棄了在 Jalan Bisma 找便宜住宿的念頭，直接朝 Happy Monkey 而去。

Happy Monkey 位於 Monkey Forest 主街上，離皇宮跟烏布市場不遠，照理說不難找才對。但我就像鬼打牆般來來回回走了無數次都找不到它。問了好幾個人，也無一知道。就在我想說再問一個人，若他也還是不知道，就做算了之際。那人竟神奇地給出指示叫我往回走，說青年旅館就在足球場旁。到了足球場附近，鬼打牆再度來襲，最後當某路人終於幫我找到它時，我有一種完全不知道自己是怎麼了的感悟。Happy Mango Tree 與 Happy Monkey 老實說都位於非常顯眼的位置，但我就是一而再，再而三地錯過了它們。接著，更悲催的事情來了 Happy Monkey 也沒有任何空床位。

烏布的酒吧

從開始找旅館到抵達 Happy Monkey 的接待櫃檯之際，我已經頂著大太陽在街上背著行李晃蕩了將近兩小時。那時我心想，難道一向愛戴我的旅行幸運之神，也放假去了？「妳可以去對面的 Dewa Hostel 看看。」Happy Monkey 的櫃檯在我絕望之際給出了一絲希望。我問 Dewa Hostel 在哪裡？櫃檯說就在他們的對面。那樣，我在烏布總算找到了一個可以負擔得起的落腳之處了。跟水明漾相比，烏布確實更美麗，大街小巷都更有峇里島風情。家家戶戶無不有家廟象徵的竹旗，地上隨處可見祭拜用的小花籃，雞蛋花這裡一處，那裡一處地從牆角探出頭來，頭上功夫了得的峇里島婦女頂著竹籃優雅筆直地打眼前經過，是的，歡迎來到峇里島的文化心臟，烏布。

烏布市場，一台機車小攤販前，三五當地人圍繞一旁，等著買小吃。機車後面附著餐車的小販，賣的是峇里島一種隨處可見的傳統小吃 Bakso，一種結合了水煮蛋、各式大小丸子、炸豆皮、米粉與高麗菜絲再搭配香菜與甜醬油的湯料理。身為唯一加入購買行列的外地人，攤販老闆跟其他顧客在我拿到了我的那碗小吃後，急忙替我找尋可以坐著吃的地點。對當地人來說，捧著一個碗蹲在市場旁的角落吃極為正常。但或許是考慮到我這外人不習慣，他們經過一番努力後，總算發現還有樓梯可以坐，就說我可以先到那吃，吃完再付錢即可。

老實說，我個人並不是很喜歡這道傳統峇里島小吃，蛋、丸子跟高麗菜絲都很好，唯一我比較不欣賞的是淋了甜醬油的湯。這款小吃，在我整個旅程中，僅有後來抵達 Kuta Lombok 時再吃過一次而已。峇里島食物中，我最喜歡的是 Warung。我在水明漾時，曾於一間僅有當地人光顧的 Warung 用過餐，有著如台灣自助餐般可以自由選菜的 Warung 非常合我的胃。不管是咖哩、青菜還是雞肉或炸魚，都非常平價美味。

烏布的首晚，我無意中逛到皇宮門口，發現有人在賣當晚傳統峇里島舞蹈表演的門票。於是就興起了不妨也一看的念頭。買了張票走進皇宮後，發現廣場上僅有零星的幾個遊客。心裡頓時升起，這表演品質不知道是否可靠的疑問。然而半小時過後，人流像浪潮般洶湧而至，我先前的疑問立馬轉成好險早早買了票進場的確幸。由三齣小劇組成的演出，給旅人留下印象最深刻的就是峇里島傳統舞蹈了得的頭、眼與手上功夫。美麗的舞者用這三者說故事，每一變化就轉一下眼珠、頭或手，像是安裝了機關似的，噠、噠、噠地轉個不停。欣賞完傳統舞蹈我到烏布市場不遠處一條充滿了個性小店的巷弄中，找了間看起來不錯的 Warung 坐下。跟看表演一樣，才坐下不久，一轉頭又發現 Warung 門口已人群成隊等著進來用餐。無意之間我又走進了一家知名的餐廳享用了美味的傳統峇里島美食。就這樣儘管下午一度因為找旅館而奔波，烏布最後還是以歡迎的姿態來迎接我，Dewa Hostel、傳統市場的小吃、大皇宮的表演與巷弄中的餐廳都讓人驚艷。

烏布皇宮的傳統表演

峇里島按摩 VS 泰式按摩

假如要在峇里島體驗傳統峇里島按摩的話，我想再也沒有比烏布更好的地點了。烏布的按摩店無處不在且價錢之低，就連剛從泰國旅行回來的我也大吃一驚。當然泰國也有一兩百塊泰銖就可以體驗的按摩，但那大多都是路邊按摩居多。烏布不一樣，每間都有店面。

一開始我不懂何以烏布沒有像泰國那樣在廟前或路邊的按摩服務，而是都設在店內。直到我在烏布體驗了峇里島傳統按摩後我便懂了。泰式按摩與峇里島按摩最大的不同是，前者不用脫光，後者要。在泰國時我總共做過三次泰式按摩，三次都僅是換上按摩店提供的寬鬆衣服便可。但首次的峇里島傳統按摩，對方便叫我脫光，只穿他們提供的紙內褲。

泰式按摩比峇里島按摩更強調拉筋與伸展的部分，也就是更為陽剛一些。在清邁時我跟 Mirco 曾一起去按摩，Mirco 說他不要泰式按摩，那個按了之後他隔天根本無法動，太痛苦了。對我來說泰式按摩尚可，並不會造成隔天肌肉酸痛或行走不便的症狀。泰式按摩基本上不太使用精油，僅在按到背時才會使用少量的清涼油。簡單來說是乾壓。峇里島按摩不同，使用大量的按摩精油，推拿的比例比較重。與油壓相比，峇里島按摩又更強

烈一些。要做個激烈程度的比較，由強到弱，就是泰式按摩到峇里島按摩再到油壓。

前男友曾幫我油壓過，那時我對油壓還一無所知，覺得就僅是手在身體上滑來滑去沒什麼特別的感覺，認為他根本沒有認真按摩。但跟 Mirco 一起在清邁做過油壓後，發現原來真正的油壓跟前男友的相去不遠。在清邁時 Mirco 說我們去做油壓的那間按摩店是正規的按摩店。我問他如何區分正規與不正規？Mirco 說若只有簾子隔開，通常都僅提供正常的服務。但若他們帶你到房間內，那就表示有提供額外的服務。

「你是說例如 Happy ending？」到澳洲打工度假後，從在按摩店工作過的朋友哪裡獲知了 Happy ending 這個詞。Mirco 說正是。還補充說泰國的 Happy ending 便宜到只要五十泰銖就有人願意做。我問他是否親身體驗過，他說試過一次。所謂的 Happy Ending 就是按摩完後提供男性客人打手槍的服務。據說很多澳洲的華人按摩店都有提供這種額外的服務。我問朋友在按摩店工作的人一定要做這件事嗎？他說不一定，看自己的意願。但儘管大家一開始都不願意，最後通常都會答應，因為好賺。

關於清邁的按摩有個地方特別值得一提，那就是清邁女子監獄按摩中心（Chiang Mai Women's Prison Massage Centre）。清邁女子監獄按摩中心特別的地方在於所有在裡面按摩的女性都是囚犯。這些因為種種不同原因入獄的女性們，經過專業的按摩訓練後，在女子監獄按摩中心工作，按摩的所得將會作為其出獄後的生活支出。

當我得知到有這樣的地方時，就下定決心為了這聰明的政策一定要去一次。入過獄的人，最大的問題莫過於出獄後無法融入社會這件事。但女子監獄按摩中心的設立順利地解決了這問題，它不但讓囚犯們在服刑時習得一技之長，還讓她們靠自己的能力為獄後生活儲備基金。假如一個犯人出獄後，能夠找得到工作，順利回歸社會，你說她再入獄的機率高不高？本來我是抱著希望多少能夠貢獻一些的心態去體驗女子監獄按摩，但去了之後發現大錯特錯，未免也太高估自己了，女子監獄按摩中心受歡迎的程度遠超乎我的想像。

想要給女性囚犯按摩，得當天一大早去按摩館拿號碼牌才有機會。清邁的女子監獄按摩中心厲害的地方在於，它打出了非常好的口碑，提供價錢實惠又高品質的按摩服務，常常一位難求。（很多人都被按到睡著，連打呼的都有）為了應付越來越多的客人，在女子監獄按摩中心不遠的警察局附近，又增設了前女性犯人按摩館，讓已服滿刑期的前女子監獄按摩中心的女囚犯們得以繼續從事按摩工作，同時又能疏導女子監獄按摩館日益不堪負荷的來客量。

一想到要給囚犯按摩，人多少心裡會有些障礙。但親自去跟那些女囚犯接觸過後，若沒人說她們有刑期在身，你根本不會認為，那些活潑、愛笑與親切的年輕女子們跟你我有什麼不同。她們同樣喜歡打打鬧鬧，想要認識不同的世界，想學說英文與中文，認真工作。我不知道她們為什麼會入獄，人人都有不可說之痛。若能獲得重新開始的機會任誰都會開心的。下次去清邁的話，不妨去女子監獄按摩中心體驗看看（還需要推薦嗎？她們已經太有名了！）

Sari Organik：田間的有機餐廳

我一度以為 Jalan Bisma 就是烏布的精神所在，可惜我錯了。烏布真正的田間小路，那一畦接一畦的梯田與綿延不盡的翠綠，隱藏在往 Sari Organik 的那條小路上。

有人說終點不重要，過程才是核心。我說去 Sari Organik 的過程與終點都一樣重要，兩者缺一不可，少了其一旅程就不完整。從一篇 Lonley Planet 網站上的文章我偶然得知有 Sari Organik 的存在，經過 Google 發現台灣某本旅行書中曾介紹過它，因此，也有少數台灣人拜訪過那裡。

對我來說，整個烏布再也沒有比走在往 Sari Organik 那條田間小徑之上更令人值得高興的了。僅容兩人錯身而過的小路，除了步行，尚可通行機車與腳踏車。要走進這條小路，得費一點功夫，爬上一個看起來完全不會讓人想往上走的水泥陡坡，之後經過隱藏在牆與樹叢之間的小巷，再轉個彎，一幅典型水稻風景畫般的景色便映入眼簾。

烏布的稻田

小路兩旁種滿了高大的椰子樹，偶一間、兩間 Warung 佇立田邊，有時某條分支的田埂會通向立於田中的 Villa 或瑜伽會館。跟我前後而行的是一位美麗的歐美女子，我倆走走拍拍，一下我先，一下子她前，視線對上彼此微笑就繼續向前走，起初並無搭話的打算。不過 Sari Organik 比我想像中的遠，且最後女子突然開始往回走，於是我們就交談了起來。

美麗的旅人說數年前她曾到此一遊過。這次是跟老公約好了在某間 Warung 見面。我問她數年之後，烏布變化大嗎？「令人意外的是，幾乎沒什麼變。」她高興地說。聽到這答案我相當意外，從烏布主街上的人潮與車潮來看，我早認定烏布已變得過度擁擠與觀光化。但跟她一樣，當我走在通往 Sari Organik 那條田間小徑上時，我又重新產生了也許烏布還是有安靜的角落的，如：在我們雙腳下的這個地方。

Sari Organik 有農場跟餐廳，想參觀作物可以到農場，吃飯就到餐廳。我不是美食評論家，對於 Sari Organik 的食物就不多做描述，簡而言之就是去吃就對了。且先不說食物的美味與否，單單它的景就已經值得你坐在位於稻田之中的陽台或庭院內的涼亭度過一個悠閒的下午了。

公雞在田梗遊走，農夫在田中灑肥料或趕路回家都是在 Sari Organik 常見的配飯景色。當我正為這樣的景色而竊喜時，突然想到不知道在田中灑肥料的農夫對於我們這些特別跑來田裡吃飯的觀光客作何感想？遲早這條幽靜的田間小徑也會慢慢被各式各樣的特色 Warung 所佔據，那是一個地方發展觀光不可避免的趨勢。一直以來每次只要去到一個充斥著外來者，同時當地人卻依然能以自己的步調過著生活的地方時，我都充滿了感恩。那樣的感覺在大理古城的傳統市場內曾經有過，現在於烏布這稻田之中又再次升起。

烏布的第二晚，我去了位於 Casa Luna 地下室的 Luna Bar 聽一個烏布年輕搖滾樂團的演出。就像海報上的介紹所說的一樣，Unb'rocken 是一個深具舞台魅力與能量的樂團，尤其是主唱與吉他手，給人留下非常深刻的印象。

說到 Live Music，去過峇里島的人肯定知道，Live Music 在峇里島可以說是無處不在，每間酒吧或大一點的餐廳，無不提供此服務。以至於，經過許多客人不多的店家門口時反而有一種相對冷清之感。

峇里島傳統美食 NASI CAMPUR｜位於田中的有機餐廳｜稻田裡的日落

Monkey Forest & Bukit Campuhan……

首次聽到Monkey Forest是在Kadel往烏布的車上。起初我真以為有個猴子森林，後來從Kadel的言談裡發現那是一條街的名字，到了烏布後，才意識到原來那既是個森林又是條街名。我對Monkey Forest期待並不高，決定進去一遊也是抱著既到烏布，看看也無妨的心態。或許正因如此，不懷期待地進去才有驚喜感。每個剛進去Monkey Forest的人看到第一隻猴子時都興奮不已，隨著越走越裡面，發現猴群無所不在後，漸漸地也就麻痺了。

想要跟猴子拍照除了主動靠近牠們，還可以買香蕉吸引其注意。一個女孩子悄悄地坐在一隻猴子附近跟牠拍照，想不到猴子竟然開始玩起她的頭髮來。一隻猴子突然跳上了某人的肩膀讓他喜出望外。另一隻猴子趁人不備拉了誰誰的包包一下，使得她驚聲尖叫。類似的場景在Monkey Forest的各角落不斷上演。各種事件之中，最引人注目的莫過於一位法國女士的房間鑰匙被頑皮的猴子給偷走後，她對著早已跑遠的猴子大叫：「猴子，偷走了我的鑰匙！」那一幕了。※（Monkey Forest內設有協助類似此事件的人員，儘管如此，建議大家入森林前還是先安放好各式物品。）

巨大的榕樹根與龍拱橋

好奇心重又不怕生的小猴子

梳理毛髮的猴子

Monkey Forest 之所以讓我感到驚喜，並不僅是各種猴子的舉動與可愛的模樣而已。除了猴子，Monkey Forest 的森林也讓人印象深刻。百年老榕樹從枝幹中垂下無數巨大的氣根到溪谷內，像是一道由樹根所形成的瀑布。一座波浪龍身石造拱橋連接溪谷兩岸，從樹根下經過，打石橋上走過，若非絡繹不絕的遊客，必有一種到了某幽謐溪谷之感，進而忘了自己原來尚在烏布市中心。僅是單純地閒逛 Monkey Forest，遊走在高低起伏的步道之上、溪谷之旁，或在涼亭裡靜靜地坐一會，也會感到十分愉快。若有更多的閒情逸致欣賞一下莊嚴幽深的古老寺廟與附近栩栩如生的各式雕像也會別有收穫。

從烏布最有名的咖啡店之一 Freak Coffee 的可愛店員那裡我得知了 Bukit Campuhan 這個地方。剛跟朋友從 Bukit Campuhan 玩回來的店員說那是個非常漂亮的草坡且走路就可以到達，她強烈推薦我去走走。Bukit Campuhan 是一個介於兩條河流之間的丘陵地，其右手邊就是 Sari Organik 所在的那片美麗的田間小徑，左手邊與之相反是一間比一間更豪華，錯落於山谷之中的度假別墅。而介於這兩者之間的 Bukit Campuhan，擁有一覽烏布峽谷與森林的優勢，走在丘陵的脊背之巔，往越來越蓊鬱的翠綠盡頭走去，一種走進桃花源的感覺油然而生。

跟 Sari Organik 的那條小徑一樣，Bukit Campuhan 的入口也在不起眼之處。只不過前者是個陡上坡，後者是個陡降坡。Bukit Campuhan 起頭有一間不能隨意進入參觀的壯觀寺廟，過了廟之後就是一條蜿蜒而上兩旁長滿了柔軟綠草的美麗小徑。

走在 Bukit Campuhan 的草坡上有一種走在陽明山上的恍惚感。一對又一對的當地情侶在草叢中搔首弄姿，努力拍出甜蜜合照，儼然烏布版的擎天岡。Bukit Campuhan 的中途一顆椰子樹在滿山的綠草之間遺世而獨立地站立在路邊，像是給情侶的守護傘又像引路的路燈，將旅人導向遠方美麗的梯田。與 Sari Organik 那邊最大的不同在於 Bukit Campuhan 的路上僅有一家 Warung，同時那裡也是觀賞夕陽的最佳之處。過了 Warung 繼續往前走就是當地人的村子。我本想到村子裡看看，但礙於小巷內群狗亂吠，只好作罷。在村口東張西望，看到一外國背包客從村裡走出來，問他裡面是否有可看之處，他說跟眼前的差不多。於是我便繞到村旁的田間小徑，往村子的後方走去。一條水溝前，一位當地婦人扛著作物出現，順著水溝往村里走。

我猶豫了一下，決定追隨著婦人的腳步沿著水溝到村內探探風。過了幾戶人家，一豬圈前，一隻小豬雙手攀上水泥牆，探出頭來，一副想要翻牆而出之貌。一隻公雞悠哉地在豬圈四周散步，與圈內的小豬形成強烈的對比。過了豬圈，突然有人從一戶人家內走出來。仔細一看，啊！那不就是先前的婦人。婦人也認出了我，問要不要進她家坐坐。我本著想一探烏布本地人生活樣貌的心態，便說好。進入婦人家的院子後，婦人讓我在

廚房前的亭子坐下，接著拿出了成熟的黃色椰子問我要不要喝？我說好。婦人便連忙去張羅椰子水。

一般峇里島人的家裡都打理得非常乾淨整齊，婦人家也不例外。與華人傳統文化類似，峇里島人也是整個家族住在一起，除了有家廟外，還有寬廣的院子，整體來說類似四合院的概念。婦人切了顆椰子給我後，問了我一些問題，當然我是聽不懂的。於是婦人只好把她那正在不遠處賞鳥的兒子給叫來幫我翻譯。

「我媽媽想知道妳是否有男朋友？」我回：「有。」

「我媽媽說妳很漂亮。」我回：「謝謝。」
「她問妳是首次來峇里島嗎？」我回：「是。」
「我媽問妳還會不會再來我家玩？」我回：「有機會一定再來拜訪。」
「她問妳要不要留下來吃飯？」我回：「我剛剛吃過。現在還不餓。」
「是否對傳統的峇里島服飾感興趣？」我回：「衣服我帶不走。」

換我提問時，我問何以他家那麼多鳥籠。婦人的兒子說他喜歡鳥，養了很多不同的美麗鳥兒。我問哪一隻他最喜歡。他帶我到一個鳥籠下，說就是牠了，那是隻看起來不怎麼起眼的鳥兒。再問了些關於神明之事。婦人的兒子說，峇里島基本上每個地方都有屬於自己的神。例如我坐的那涼亭屬於廚房，亭子的上層便安置了灶神，門口有門神，田外的公廟是照顧作物之神。

我跟婦人的兒子參觀了她家一輪返回原本的亭子後，婦人不死心地拿出了傳統峇里島的服飾給我看，說很漂亮有沒有興趣。我回她說衣服非常美麗，但可惜沒有買托運行李，無法帶走。眼見時間差不多，我欲離開返回烏布市中心，問婦人的兒子椰子水要給多少錢方好？婦人說我自己決定。他兒子補充強調婦人想買雙鞋子。我依照外面餐廳賣一顆椰子的價格付給了婦人後，便踏上了回程，結束了這奇妙的參訪行程。

咖啡店與傳統市場

烏布有三家知名咖啡店 Seniman Coffee Studio，Freak Coffee 與 Anomali Coffee。從水明漾開始我就發現峇里島的咖啡不便宜。應該說喝峇里島黑咖啡很便宜，但若想喝 Latte、Cappuccino，Flat White 等花式咖啡的話價格立刻往上飆漲。

Seniman Coffee Studio 位於 Eka's Homestay 對面是一間非常有設計感的咖啡店，單坐在裡面就是一種享受。咖啡送上來時會搭配一杯水與一小塊峇里島傳統點心，三者一起放在線條簡潔的木板上，別有一翻新意。Seniman Coffee Studio 把普通的塑膠椅裝上了木頭搖椅底，讓它可以前後搖擺，使得其質感大為提升。就像其創辦人之一 David 所說的那樣：「設計存在 Seniman 的 DNA 裡，你喝水的用的玻璃杯，讓你搖擺的椅子，用來沖泡咖啡的器具，都是為了讓你更快樂而設計。」

比起咖啡反而是用來搭配咖啡以香蕉葉包著的傳統峇里島點心 Sumping 更讓我大為驚豔。我問店員哪裡可以買到 Sumping，她說傳統市場就有。與 Seniman 強烈的現代設計風格不同，Freak Coffee 是間小而巧走溫馨放鬆路線的咖啡店，適合一人或三兩朋友去。

FREAK COFFEE 門口

SENIMAN COFFEE STUDIO 的咖啡

比起 Seniman 強烈的風格，老實說 Freak 安靜簡單的氣氛更得我心。論咖啡我也是偏好 Freak 居多。我沒有時間去 Anomali，不知道它的咖啡跟氣氛如何，從介紹上來看與前兩家最大的不同是 Anomali 是一家連鎖咖啡店，在雅加達、水明漾跟烏布都有店。

烏布市場就在皇宮的對面，去烏布的人要錯過它很難。我首次去烏布市場是下午的時間，對它並沒有留下特別深的印象，僅覺得不過是許多販售相同商品的攤販聚集之地罷了。但一天早上我重新再去一次時，一切都不一樣了。清早的烏布市場充滿了生氣，五顏六色的鮮豔花販，椰子製成的各式傳統糕點小販，販售熟食的大嬸們，蔬果攤、魚乾攤、香料攤等各式攤販佔據了不同角落，使出全力吸引顧客的目光。頭上頂著裝滿了菜的臉盆或一大包貨物的當地婦人，在市場的樓

梯間上下穿梭，採買各式物品。與台灣的傳統市場不同的是，烏布市場由一整棟巨大的建築所形成，包含地下、一樓與二樓。一樓臨馬路，多是販賣鮮花與熟食的小攤，地下以蔬果、香料與醬料等雜貨為主，二樓則以生活用品跟衣物居多。

要真正地了解一個地方的生活，去一趟當地人每天都會去的傳統市場準沒錯。烏布市場靠近皇宮的馬路那邊有一間信徒絡繹不絕叫做 Pura Melanting Pasar Ubud 的廟宇。穿著沙龍的男男女女們端著鮮花不斷進進出出，那是我在峇里島所看過最受信徒歡迎的廟宇。Freak Coffee 的店員告訴我，一般峇里島人一天會在早上六點、中午十二點與傍晚六點進行祭拜。與華人習慣用香祭祀不同，峇里島人喜歡用花搭配一點小餅乾及水來祭拜，而我認為那比用香來得環保多了。而穿上沙龍是進入廟宇祭拜最基本的禮儀，不分男女。

Chapter 04

龍目島

開往龍目島的慢船

峇里島沒有直達龍目島 Kuta 的快船，想要搭快船去 Kuta Lombok 最好的方法就是先坐船到 Senggigi，再換接駁巴士或計程車到 Kuta Lombok。旅遊中心的人基本上都建議我走這條路線，說搭快船到 Senggigi 僅需三小時，接著再坐兩個小時的巴士或計程車，五小時左右就能抵達 Kuta Lombok。若搭慢船，要花七到九個小時才到。搭慢船去龍目島的人不多，聽到我想搭慢船去龍目島，旅遊中心的人對我都相當冷淡，大概是想肯定也賺不到什麼錢吧。一天早上我決定去皇宮對面烏布最大的旅遊中心訂開往 Kuta Lombok 的慢船，旅遊中心的人說，得先打電話給跟船公司有合作的單位問過才能幫我訂票。

對方沒有接電話，旅遊中心乾脆放棄賺取微薄的價差，叫我去與慢船有直接合作的另一個旅遊單位訂票。當我走到位於 Dewa Hostel 附近的小巷內的慢船訂票中心時，櫃檯的兩位小姐以異常熱情的態度情迎接我。當我說想要訂開往 Kuta Lombok 的慢船票時，櫃檯小姐問我幾個人，我回一人。想不到她卻告知我一個人無法訂船票，說是至少要兩人才行。我心想到底 Kuta Lombok 有多冷門，難道整個烏布就僅有我要搭慢船去那裡而已？我改問那是否有替代方案，櫃檯小姐說我可以先搭慢船到 Lembar，到那裡後再想辦

MA • KOSALA

法去 Kuta Lombok。從 Lembar 去 Kuta Lombok 還有約一小時的車程。至少比從 Senggigi 去近多了我想，便訂了一張慢船票。

訂完票後我問若之後有其他人也想去 Kuta Lombok，我是否可以改成直接抵達 Kuta Lombok 的船票？櫃檯小說回沒問題。那時我天真地以為所謂的直抵 Kuta Lombok 的票就是指坐船直達 Kuta Lombok ，後來我才知道 Kuta Lombok 根本沒有海港。當晚我再次到 Warung Ijo 去吃飯。Warung Ijo 是我前一天逛完畫廊後隨意走進去，並為它的價格與食物大為驚豔的樸實自助餐。內設有舒適的座椅與免費 Wifi 的 Warung Ijo 是整個烏布我最推薦的餐廳之一。這不是說它最好吃、氣氛最佳，而是一種若沒有更好的選擇，或沒什麼想法的時候，不如就去那裡吧的類型。烏布的最後一晚，在 Warung Ijo 我認識了印尼女孩 Indah。Indah 說 Warung Ijo 是典型的龍目島口味穆斯林餐廳，她很喜歡。Indah 是位沒有戴頭巾來自印尼蘇拉威西島 (Sulawesi) 的穆斯林活潑女孩。

「我不是非常虔誠的穆斯林。」Indah 豪爽地說著。我問 Indah 到烏布工作還是玩，她說旅行跟找朋友。喜歡烏布的 Indah 一度想過要留在那裡，但烏布不像 Kuta 有那麼多工作機會，因此她最後還是決定回 Kuta 生活。我問她先前在 Kuta 做什麼工作，她說做行政。最近剛從香港唸書回來的她，還在物色新工作之中。

「怎麼會想去香港唸書？」

「因為我男朋友在哪裡工作，為了跟他一起我只好搬到香港去了。」

「那怎麼又決定搬回來？」

「分手，就回來囉。」

「這樣呀！還有再復合的可能嗎？」

「沒有，結束了就是結束了。」

Indah 說出這話時我相當意外。看不出來她如此乾脆，與她相比我真是喜歡牽拖。我告訴她在烏布的這段期間我也正式結束了跟前男友的關係。Indah 的前男友是西班牙人，兩人在峇里島相識後，一起在香港居住了半年左右。「為分手乾一杯！」我說。「乾杯！哈哈哈。」兩個陌路相逢的女人以茶代酒，在烏布主街上不起眼的 Warung 內一瞬間建立起了友情。Indah 問我接下來的旅行計畫，我告訴她剛訂了前往 Kuta Lombok 的慢船。Indah 說不久前她才去過那裡。反問我怎麼不搭飛機，機場離 Kuta 非常近，二十幾分鐘的車程而已。我說一時沒想到。Indah 說飛往龍目島的機票非常便宜，且航程不過半小時而已。我想船票訂都訂了就當體驗海上漂流，剛好我也不趕時間。

我問 Indah，Kuta Lombok 是個什麼樣的地方，畢竟我去訂前往那裡的船票時，只有我一個客人要坐慢船去而已呀。Indah 說 Kuta Lombok 的海灘非常美，叫我可以租台機車四處逛逛，小小的村落，人不多她很喜歡。Indah 特別告誡我入夜後不要在 Kuta Lombok 市區之外遊蕩。後來 Indah 約了我晚上一起去她常去的 CP Lounge 喝一杯，於是兩人便約好了當晚九點半在那裡再相見。就這樣，烏布的最後一晚我認識了一位新朋友度過了一個愉快的夜晚。從 Indah 的臉書發現，她與我後來在龍目島看到的穆斯林非常不一樣。傳統的穆斯林基本上都穿長袖長褲包著頭巾。但 Indah 的衣著與作風非常西式，無袖洋裝與到酒吧喝酒的照片時有所見，就像她自己說的，她不是傳統的穆斯林。但到底是形式重要還是內心重要，這始終是信仰的大哉問。出發往龍目島的那天早上，我先到烏布市場買了點東西帶在路上吃。七點左右我站在客棧門口等來接我去 Padangbai 港口坐船的小巴。大清早的烏布顯現出截然不同的樣貌，街上全無行人，偶一兩台車子經過，剩下的就是寂靜與在旅館門口等車的兩個旅人：我與對面 Happy Monkey 門前的一男背包客。那時我想起了 Kadel 的話：「烏布的清晨與夜晚非常不錯。」

七點已過，我們的車子仍不見蹤影。好不容易一台車停了下來，結果載走的是他不是我。看我的車子遲遲未出現，Dewa 的老闆問我訂哪一家的船票，我把收據給他看，他說我的那家公司可以放心，他們絕對會出現，那是一家老字號旅遊公司信譽良好，我繼續等就是。終於，我的車來了。我上車時迷你小巴上已經坐滿了旅客，司機把我安置在前排與一對男同志共坐。就在我以為小巴已不會有更多的乘客時，在皇宮附近又多了兩個高大的

一同搭船的其他背包客

男生上車。後面已經坐不下的情況下，那兩人就坐在副駕與司機中間兩地。前座狹小的空間內，塞了連司機三個大男人，我旁邊的同志情侶悠悠地說：「看來我們三個的位置是 VIP 等級來的。」我轉頭看了後面乘客擁擠的情況後說根本就是頭等艙。Anders 跟 Carlos 的目的地是 Gili Air，他們並沒有要搭慢船，到 Padangbai 後將搭上開往 Gili Air 的快艇。從烏布往 Padangbai 港口的路上我與他們兩位聊得相當愉快，一個多小時的車程轉眼就到。抵達港口匆匆留下聯絡方式後，我們就各自展開了不同的旅程，朝不同的方向而去。

在 Padangbai 港口 Check in 時，我突然想到應該要問是否還有其他人也要去 Kuta Lombok。櫃檯說還有另外三個男生要去，我問我可不可以改成直達 Kuta Lombok 的船票？櫃檯說再給他十萬印尼盾就可以。如此這般，去 Kuta Lomk 的交通總算全部確定，不需要再煩惱抵達 Lembar 後要如何去 Kuta Lombok 之事。

開往龍目島的慢船是一艘主要往來於峇里島與龍目島的巨大貨船。那艘貨船除了搭載當地乘客外，還負責把峇里島的陸路交通工具跟貨物載到龍目島。等待登船期間，一台又一台的卡車、小貨車與公車陸續開進底層的船艙內。眼前這巨大的貨輪與當初我訂票時所想像那小而破舊的慢船完全不同。這艘開往龍目島的慢船，二樓是乘客休息區，巨大的休息空間內，設沙發座椅區、上下鋪睡眠區與及設有躺椅可以享受陽光的戶外休息區。簡而言之，若不趕時間那其實是一艘非常享受的船，一段舒適的旅程。整個慢船上的背包客不算多，除了幾個是去 Kuta Lombok 外，其他人大多都是先到 Lembar 轉車去 Bangsal 再從那裡搭小船去吉利群島 (Gili Air、Gili Meno 與 Gili Trawangan)。

慢船在海上漂流期間，我與一個當地家庭一起待在睡鋪區。本來我想要加入幾個背包客所在的睡鋪，但他們說都有人了，於是我轉到了這極為友善與歡樂的當地家庭內。沿路不斷地與我分享餅乾零食與水果的這家人，用僅會的幾個英文句子努力嘗試跟我溝通。年紀最小的兒子十分害羞，明明常聽英文歌也會說一點英文，但就是不敢開口，對話基本上都由爸爸代勞。悠緩地在海上漂流了五個多小時後，船停在了 Lembar 港口。我一直以為船會直接開到 Kuta Lombok，所以儘管大家都一副打包準備下船之貌，我還是不為所動繼續看我的書。直到最後我發現 Lembar 就是慢船的終點時才趕緊收拾行李跟著人潮移動。來到船頭等待下船的期間，我又看到了跟我一同上船的那幾人，也就是三個跟我要一同去 Kuta Lomk 的大男生。我問他們知道下船後要怎麼辦嗎？他們說一點主意也沒有。下船前，我又在一樓的船艙遇到了先前的那家人，彼此說再見後他們便騎上了隨船托運到 Lembar 的摩托車，消失於港口之中。而我，終於踏上了整趟旅行的重心，龍目島。

Kuta Lombok，衝浪者的天堂……

幾乎在休旅車把我們一行人從 Lembar 港口載走起的那刻，興奮感就已經開始籠罩我們。離開港口約十分鐘左右，休旅車在高速公路的一旁驟然停下，司機大哥說我們要換車。不久一台休旅車從另一個方向開來，兩台車的人於是開始分隊，往南去 Kuta Lombok 或往北去 Senggigi 與 Bangsal。司機一直以為我要北上，知道我竟是要去 Kuta Lombok 後露出驚訝的表情。除了先前提過的三個大男生外，最後又加入了一對從另一台車而來的義大利夫妻，這樣我們共六人往南朝 Kuta Lombok 而去。直到那時我才了解為何在烏布，旅遊中心的人說獨自一人無法訂開往 Kuta Lombok 的船票。原因不是沒船可坐，那麼大的船，怎麼會沒有位置，而是到 Lembar 後需要改走陸路，若只有一人，他們派出一台車不划算，那就是為什麼他們說至少要兩人才能成行了。

就像我前同事所說的，龍目島是一顆還沒琢磨過的璞玉，光芒僅從裂縫中露出。綠，是我對龍目島最深刻的印象，公路兩旁無限延伸的平坦稻田與烏布高底起伏的梯田截然不同。遠方的大山覆滿了植披，一片數不盡的綠。公路兩旁簡陋的竹棚下，排球般大小的西瓜一堆又一堆有如小山，隨意放置無人看管，給人一種西瓜多到連偷都懶的境界。

色彩繽紛的捕漁船

收割過後的稻田時不時冒起陣陣白煙，那是農人燒稻根以讓土讓更肥沃。清真寺伴隨著村落而出現，包著頭巾的龍目島人有時打街上走過，有時騎機車與我們並車而行。峇里島的那種強烈的異國風情，在龍目島的土地上完全消失無蹤，取而代之的是一種更為純樸的農村氣息。高大的椰子樹在田埂中這裡一株那裡一株，小雞跟零星的羊群在稻田中胡亂游走，兩個義大利男生、一個西班牙人與我，全都為這些景象高興不已。接二連三地說：「峇里島那是什麼，這裡才是我要來的地方。」我們是一群為可以遠離人群，回歸鄉下而興奮的屁孩。

留著長髮的西班牙人隨身攜帶衝浪板，剛從菲律賓衝浪回來的他曬得一身古銅膚色，瘦長結實的身體，是長期衝浪的戰績。對於 Kuta Lombok 感覺並不陌生的他可能不是首次造訪。其中一個也在澳洲打工度假過的義大利男生，說想在澳洲長期住下來，但又不想一直做披薩。我建議他可以考慮念廚藝學校，他說真正的問題是他還不確定是否要一直待在廚房工作。他們三位明顯地就是為了衝浪而去 Kuta Lombok，相對於連游泳都不會的我，老實說我到底要去有衝浪天堂之稱的 Kuta Lombok 幹嘛，我自已都不得而知。或許是去看別人衝浪，又或許就僅是想去一個人少，沒那麼觀光化，有美麗沙灘的偏遠小村落罷了。三個大男生並沒有事先預訂好住宿，靠近 Kuta Lombok 市中心時，我們在一間 Homestay 停車。西班牙男生負責去詢問是否有空房可住，得到的回應是當晚沒有空房，但之後有。老闆建議若他們不介意可以先睡在涼亭一晚。三人覺得這提議不錯，又問了Homestay是否有提供租車的服務後，就決定待了下來。司機接著載我到事先預訂了三晚的客棧Same Same Bungalows。

Kuta Lombok開發的程度比我當初預想得多。近幾年來，到Kuta Lombok的人越來越多，當然大部份的人還是為了衝浪而去，少部分不衝浪者則是為了其雪白的沙灘與清澈透明的藍色海水。就像去過的人所說的一樣，再不久Kuta Lombok，或者說整個龍目島一定會越來越商業化與峇里島的差距越漸減少。現在去的話，依稀還能感受到那裡原本的生活面貌，還是相當不錯。如Indah所說，新機場離Kuta非常近。往Kuta的高速公路上，一幅描繪跨海高速公路的巨幅看板，正預告著龍目島的將來。當那公路完成時，龍目島的Kuta又會成了怎樣的地方？第二個峇里島Kuta還是水明漾？

古銅膚色的衝浪手騎機車載著衝浪板呼嘯而過是Kuta Lombok那僅有一條街的市中心最常看到的景像。自早上七點在烏布街頭等車起，中間經歷了五個多小時的海上漂流，到Lembar後又坐了一個多小時的車子，下午五點左右我總算在Kuta Lombok安頓好，可以出門覓食去。Kuta Beach路口，一台漆著鮮豔黃綠色的Bakso雙輪小餐車，恰巧位於一棵大樹下。被那餐車精巧的造型與美麗的景象所吸引，我決定在那裡開吃龍

海邊廢棄的船隻成了孩子們最棒的遊樂場

目島的第一餐。就像先前所說，我並沒有特別喜愛這道結合眾多大小丸子、高麗菜絲、麵與醬油湯的印尼傳統小吃，不過與烏布的相比，Kuta Beach 前的這個小攤販的 CP 值高一些。往 Kuta Beach 的小路中途，Kuta Lombok 市集前的沙地上滿是垃圾與空蕩的竹棚。三五隻小羊在路中間隨意打轉。幾顆樹與三兩民房後，Kuta Beach 就到了。

若像我一樣對 Kuta Lombok 懷著美麗與原始海灘的想像而前往 Kuta Beach 的話，那必定會以失望收場。就像往海灘路上的市集空地一樣，Kuta Beach 灰色的沙灘上也充滿了垃圾與海草。整個 Kuta Beach 最值得安慰的就是那些色彩鮮豔，獨木舟大小，有著蚱蜢般雙腿的小漁船了。儘管沙灘不乾淨、不雪白，但那些在沙灘上或在水裡晃蕩

當地的小孩們

BAKSO 小吃攤

的斑斕獨木舟與三兩正在修理漁船的漁夫，還是讓 Kuta Beach 散發著一股特別的魅力。尤其發現整個沙灘上，一個遊客也沒有之後。

除了傳統獨木舟，Kuta Beach 還擱淺著許多廢棄的捕魚船。那些廢棄的船隻與充滿廢棄物的沙灘，加上漁夫，讓 Kuta Beach 成了一個很有故事畫面的場景。特別是當 Kuta 那些不怕生又充滿好奇心的小孩子出現後，整個海灘更不一樣了。Kuta Beach 是當地小孩的遊樂園，他們在廢棄的船隻中爬上爬下，把纜繩當盪鞦韆使用。他們面朝大海，放聲高歌。看到我一人出現在海灘上，全都興奮地跑來，自我介紹問我叫什麼名字，從哪裡來？是的，他們全都講英文。那群還在念小學的 Kuta 小孩的英文也許是我見過所有亞洲小孩裡面，英文最好態度最大方的一群了。走在海灘的中途，遠遠地就看到一群人在遠處不知道在慶祝什麼。走近一看才知道原來是有人生日，那群生日的人看到我竟說要一起合照，於是不知所以然地我就跟了其中兩三個人拍了合照，祝他們生日快樂。在那群慶祝生日的人裡，一個看來已經跟他們十分熟稔的外國背包客摟著一個美麗的當地女子的景象特別搶眼。當我在 Kuta Beach 跟那些英文流利，喜歡結交旅客的小孩打成一片時，我突然覺得就算 Kuta 的海灘不漂亮，味道刺鼻，垃圾無處不在都不重要了，因為那些小孩，我已經喜歡上了 Kuta Lombok。海邊所有的小孩當中，Reza 跟 Jeri 跟我玩得最瘋，我們拍了一堆合照跟自拍。

當我逛完 Kuta Beach 走回市區時，我終於理解何以 Kuta Lombok 的小孩英文那麼好。在海邊時原本雙手空空的小孩，到了市區後變成人手一塊繫滿了麻繩手鍊的木板。下課或沒事時整個 Kuta Lombok 的小孩就拿著那塊板子在街上遊走，看到旅客就問要不要買。意外的是，Reza 跟 Jeri 手裡拿著木板再遇到我時並沒有要求我要買手鍊，或許那也是為什麼我最喜歡他們的原因之一。Kuta 的小孩絕頂聰明，記憶力驚人。一個問了我名字要求我跟他買手鍊的小男生，隔天於路上再遇到我時，竟然可以準確地叫出我的名字來，那真是嚇了我一跳。相對地，他的名字我想了好久才勉強記起來。

這群賣手鍊的小孩，若拗不到你跟他買手鍊，他們就說那是否可以買冰淇淋給他們吃。當你都拒絕時他就會一路尾隨你，問你住哪裡之類。但讓人安慰的是，Kuta Lombok 的小孩沒有卑微跟可憐的姿態，他們要求你買手鍊就好比在跟你聊天。若你真的不買，他們也不介意，繼續找尋下一個目標。等都沒有旅客了，他們就玩自己的，傍晚到了工作時間他們才又在街上找尋目標，看看是否有機會賺點錢。儘管我從未跟任何一個小孩買過東西，但每次再遇到他們，我們都會像朋友般閒聊幾句，問去了哪裡，做了哪些事。

隔天我在一個水果攤前，遇到一個英文非常流利，舉手投足落落大方的美麗小女孩。當她問我要不要買手鍊時，我說不要。她說那買草莓給她吃。我一看那草莓，賣像不佳既小又軟，完全不吸引人，外加我本身就不愛草莓，我就拒絕她。我說我要買蘋果，看她要不要，要的話可以給她一顆。眼看真的沒輒，她只好接受。後來當我在一家餐廳前再遇到那小女孩一副熟能生巧地跟路過的客人介紹烤魚的價格與多美味時，我只能說 Kuta Lombok 的小孩真不是蓋，將來大有可為。相較起台灣人花了無數補習費還學不好英文，Kuta Lombok 的小孩利用了大量外國遊客湧進的機會，自然而然地就練就了一口流利的英文與大方的態度。所以說，儘管旅人增加漸漸地改變 Kuta 這小漁村的面貌，但在眾多的缺點之中多少還是有幾點可取之處。

Seger Beach

假如你跟我一樣抵達Kuta Lombok的第一天因為Kuta Beach的髒亂就對那裡的海灘失望，那麼你跟我一樣都錯了。龍目島五個最美的海灘裡其中三個就隱藏在Kuta Lomok這小漁村附近。從峇里島到龍目島，機車始終都是最方便與最便宜的交通方式。到了Kuta Lombok那樣的小村落，租一台機車不只是方便還是必須。沒有機車哪裡都去不了，有一台機車如有一雙翅膀。不過租一台機車，卻是我在Kuta Lombok遇到最大的課題，因為我不會騎機車！在烏布時儘管沒有租車，走路尚且還能到達許多地方。但到了Kuta Lombok，一個不流行騎腳踏車的地方，要嘛就不出門，要嘛就租一台機車，沒別的選擇了。

我的下鋪是一個跟我同一天入住的德國女孩子，我問她會不會騎機車，她說先前有騎過沒問題。她建議我還是租一台車來得好。我跟她說我也不是完全不會騎車，只不過沒有實際上路的經驗也沒有駕照。（反而因為去了澳洲打工度假，先考到汽車駕照）「他們根本不會介意妳有沒有駕照。他們只想賺錢而已。」她說。「我想也是。好吧！我明天也來租一台機車好了，很慢很慢地騎。」我說。

仍處於非常野生狀態的 SEGER BEACH

第二天，在 Same Same Bungalows 院子內的涼亭吃過美味的免費早餐後，我認命地租了一台機車。旅館的人問我會騎車嗎？我說有練過，但不太熟。於是他幫我把車牽出來，示範如何啟動與催促油門等基本騎車須知。我的德國室友比起我這無照駕駛又沒經驗的菜鳥更謹慎小心，她至少還跟旅館的人要了頂安全帽。天氣很熱，Kuta Lombok 街上的機車騎士有戴安全帽的人屈指可數，自然而然地，我也就入隨俗無帽無照（危險，請勿模仿）駕駛，以烏龜般的速度勉強地把機車騎上了路，時速 20 公里。

Seger Beach 位於 Kuta Beach 以東離 Kuta Lombok 僅五公里。理所當然它就成了我第一個抵達的海灘。很難確切描繪剛看到 Seger Beach 第一眼的心情，若硬要說那便是發現一個無人美麗海灘，彷彿整個海灘都是你自己的那種驚喜。低矮破舊的竹製遮陽傘孤零零地埋在沙子裡，遠處幾個已人去樓空的草棚，增添了幾分寂寥之感。恍惚之間，你不敢相信這世界上還有這樣美麗卻又了無人煙之地。於是匆忙停好機車後，忍不住以跑步之姿，蹣跚地朝大海奔去。

Seger Beach 是一個動靜皆宜的海灘，以一岬角做區分，靜的一邊適合游泳與浮淺，另一邊則是有著衝浪者熱愛的美麗浪潮。從寒冷的澳洲特別帶了泳衣跑到夏天的國度，來到 Seger Beach 那樣的地方，因為好朋友難得來報到，也成了無用武之地。我坐在無

沙灘上午睡的狗

人的竹棚上靜靜地欣賞那寂靜的海水與空曠的沙灘。不久一台機車來到附近，一位當地男子走了過來，那就是 Awan，負責巡邏 Kuta Lombok 幾個海灘的公務員。Awan 說他相當喜歡自己的工作，他會待在某個海灘固定幾天再往下一個海灘移動。若海灘有人他就會上前去關心一下問問他們的情況。若海灘空無一人，他有時會衝浪、游泳，有時會閉目養神一番。老實說，是個連我也羨慕的好工作。

我問 Awan 為何 Kuta Beach 那麼多垃圾且就連 Seger Beach 附近的農地上也有不少的垃圾。鋁罐、寶特瓶、零食包裝等，四處散落。我說海灘可以說是 Kuta Lombok 的重要資產，整個 Kuta Lombok 的未來也許就是靠海灘來發展觀光了。但若所有的海灘最終都走向 Kuta Beach 的命運，那麼誰還會來這裡？他說真正的問題不是觀光客，亂丟垃圾的是本地人。本地人的習慣裡就沒有垃圾桶這個概念。一直以來不要的東西他們就是往外丟，改不了。所以有時候他沒事時也會撿撿垃圾。觀光客的湧入，外來文化的侵襲與現代消費習慣的影響，傳統上習慣把不要的東西就往屋外或空地丟的龍目島人，面對著現在難以被大自然消化吸收的塑膠廢棄品，無形之中漸漸改變了龍目島的土地面貌。龍目島最大的問題，不只是亂丟垃圾而已，而是就算乖乖地把垃圾分類放到垃圾桶裡，但倘若沒有完善的垃圾回收場與焚化廠等配套措施，那麼就算集中垃圾於某地，那與隨處亂丟也相差無幾。他給了我他的電話，說在 Kuta 有什麼問題可以隨時聯絡他。又說要幫我拍照，可惜我對被拍沒什麼興趣。他再提議那麼不然拍個合照總行吧，於是我們便拍了張紀念性的合照。

不久一人趕著水牛從沙灘上出現，Awan 看到水牛竟叫我去抓住一頭水牛的角跟牠拍照，我當然是不敢。受不了我的溫吞，Awan 決定親自下海示範，他輕易地靠近水牛並抓住了一隻水牛的角。當我還在猶豫是否要豁出去跟水牛拍照時，兩個位外國背包客突然殺了出來，興奮地往水牛靠近與牠們合照。水牛隨著農人的吆喝，離我們所在之地，越來越近。Awan 跟我說第一隻水牛往哪走，其他水牛就會完全自動跟上。後來水牛群突然轉向離開沙灘往岸上走去，為此我大大地鬆了一口氣，因為那樣就算我放棄跟水牛群合照也說得過去了。水牛群過了之後，我到附近的岩石拍了幾張照片，就跟 Awan 說由於沒帶書、食物，想要先回旅館，下次準備充足再來。他問：「明天妳會來嗎？我在這裡等妳。」我回：「也許。沒事就來。」他說：「一定要來喔，不見不散。」

Awan 這樣的個性不是他所獨有，整個峇里島跟龍目島區域的男人都有著他一樣的特徵，就是非常喜歡跟女人搭訕聊天且才一兩分鐘或見過一兩次面就一副可以跟妳天長地久，愛妳愛不完的程度。自我介紹，留名字、電話與照片，乃是他們最基本的舉動。人們都說亞洲人比較內斂，但去過峇里島跟龍目島之後，我得說那裡的男人例外。任何一個女人走在那裡的街上，都會備受注目，得到彷如巨星走紅地毯般的焦點，只不過那是個讓人有些困擾的焦點就是了。

SEGER BEACH 的水牛群帶給旅人純樸的驚喜

Mawun Beach

Mawun Beach 毫無疑問地可稱為 Kuta Lombok 三大沙灘之首，白色柔軟的沙子、藍色透明的海水、溫和平靜的浪花與馬蹄形的海岸線，相較起 Seger Beach 人多了一些，但對於寬廣的沙灘來說，還是非常稀少。整個 Kuta Lombok 地區的沙灘之美與人群之少，是僅待在峇里島南部的人所無法想像的。順利從 Seger Beach 返回 Kuta Lombok 市區讓我對騎機車信心大增。中午在 Same Same Bungalows 老闆推薦的 Warung Jawa 1 用過午餐後，我決定不如就走一趟 Mawun Beach。位於 Kuta Lombok 以西，Mawun Beach 不只與 Seger Beach 方向完全相反，就連通往那裡的路也截然不同。往 Seger Beach 的路平坦簡單直線到底。Mawun Beach 的路基本上就是連續的上坡與下坡，山頭一座過一座，對於我這菜鳥機車騎士來說，好比有懼高症者去坐雲霄飛車一般。

雖說打定了主意去 Mawun Beach，但我對於大概多久才能到那裡並不清楚。旁人所花的時間對我並不適用，我時速 20 公里。從 Kuta Lombok 出發往西一路向前，爬上了第一個巨大的斜坡後，在接近山頂的位置有一間可以俯瞰整個 Kuta Lombok 的咖啡廳。一是為那裡的視野所吸引，二是認為自己能夠順利騎上那樣的斜坡已堪稱奇蹟，可以好好地休息

MAWUN BEACH 以雪白的沙子著名

一番了，至於 Mawun Beach 去不去都無所謂。點了杯香蕉果汁，我繼續從泰國至峇里島再到龍目島，一路上斷斷續續翻閱的保羅．索魯的《暗星薩伐旅》。一個多小時過後一種疑似可以再上路的念頭興起，於是我又踏上了往 Mawun Beach 的路。

尷尬的窘境出現了，我無法一人把停靠在牆邊的機車牽出來。厚著臉皮請咖啡廳的人幫忙後，發現就連要維持機車不後退再騎上去也無法，咖啡廳門口實在太陡了。咖啡店的人於是建議他一邊幫我扶著車尾，讓我一邊發動。經過幾次嘗試，總算在搖擺之中再次順利上路。往 Mawun Beach 的路上其實非常美麗，不過由於上坡與下坡讓我太擔心，我連停下來拍個照也不敢奢想。經過了一段疑似無止無盡的重複上下坡後，Mawun Beach 到了。

在 Mawun Beach 游泳與做日光浴的人這裡一對，那裡一雙，非常愜意。一對老夫妻手牽著手，沿著沙灘慢慢散步。賣玉米、椰子汁等小販們，這裡一位那裡一位。偶爾迷你巴士會帶來小型觀光團。整個龍目島的旅行之中，僅有在 Mawun Beach 我看到了非當地人的亞洲旅客面孔。這是一個適合待一整天的海灘，可惜我下午才去，去那裡待不久一種還是趕緊回去比較保險的想法便湧上來。想到回程還要重複來程的無數上下陡坡，實在無法輕鬆地享受 Mawun Beach 的美麗，天黑前，還是回到 Kuta Lombok 要緊。

那晚我去了 Warung Bule 吃晚餐。Warung Bule 在 Lonely Planet 推薦的所有 Kuta Lombok 餐廳中被列為首選。我會去吃一方面當然是因為看到了 Lonely Planet 的資訊，另一個因素則是一天我打它門前經過時，對它生意興隆的盛況印象深刻，跟自己說找個時間也要去試試。Warung Bule 有的名原因，在於他的老闆乃是位於 Seger Beach 附近的全球知名連鎖飯店 Novotel 的前資深行政主廚。他離開 Novotel 另創 Warung Bule 的目的是為了提供給客人另一種可負擔得起的美味體驗。海鮮是 Warung Bule 最被推薦的品項，然而我卻吃了最基本的炒飯，現在想想有些可惜。當時的想法是最基本若都不好吃，別的就不用試了，若炒飯好吃再回鍋。但旅行這種事不能那樣想，很多時候機會僅有一次，錯過便沒了。它位於 Kuta Lombok 靠海邊一條不起眼的小路旁，若非我之前胡亂從它面前路過一次，老實說之後特地去找，可能還不一定找得到。後來朋友在我的推薦之下也想去那裡用餐，可惜 google map 遲遲無法帶領他們抵達這間在 Kuta Lombok 別樹一幟的餐廳。

Sade 莎莎克族村

Sade 莎莎克族村（Sasak Village）是龍目島主要居民莎莎克族（佔85%）一個保存良好的傳統村落。離 Kuta Lombok 不遠，那裡是海灘外去 Kuta Lombok 的人也會順道參訪的一個據點。騎機車從 Kuta Lombok 出發約十五至二十分鐘左右的車程。我跟德國室友說想去莎莎克族村落看看時，她說她也想不如一起去？我跟她說一起去沒問題，但我騎車的速度非常慢，她確定要一起？室友說沒關係於是一天早餐過後，我們就出發。往莎莎克族村的路上，由於有德國室友在前方領路，我騎車的速度總算突破二十大關。

一位嚴然村中導覽的中年男子在 Sade 莎莎克族村口迎接我們，帶我們參觀村落。估計那應是每個想要參觀村落的人都無法逃掉的關卡。我想既然都已經騎了那麼一大段路程到 Sade 莎莎克族村，付點錢給對方讓他們得以靠傳統文化為生也沒什麼不好。導覽說莎莎克族跟信印度教的峇里島人不同，他們的信仰是融入了莎莎克族傳統信仰的伊斯蘭教，也就是說龍目島上的莎莎克族人都是穆斯林。莎莎克族人一天祈禱五次，設在 Sade 莎莎克族村至高點的建築即是清真寺，那也是整個村落裡最為豪華的建築物。

莎莎克族 SADE 村的入口

Sade 莎莎克族村約有一百五十戶人家，以務農、捕魚跟紡織維生。其中女性多負責紡織的工作，由於觀光客的湧入，販售天然染色的紡織品（圍巾、手鍊等棉麻織品）成了村內最火紅的生意。傳統莎莎克建築，主要使用一種叫做 Alang-Alang(類似蘆葦）的草來搭建屋頂，牆壁使用竹子編織，地基或底牆使用混合牛糞的泥土堆建而成。室內分前後，前面是客廳兼長輩臥室，裡面是廚房。與清邁拉祜族人的房子最大的不同在於莎莎克族的房子是直接搭建在地上，而拉祜族人的房子乃是吊腳樓。

莎莎克族與拉祜族兩者的居住空間我比較喜歡後者，架起來的吊腳樓不沾泥土，加上拉祜族人有進屋脫鞋的習慣，屋內相當乾淨。與從十六、十七世紀改信仰伊斯蘭教的莎莎克族人相比，一直遵循傳統信仰的拉祜族人在開放的程度上也更為自由。同樣面臨觀光客所帶來的衝擊，拉祜族人以更有自信的態度去面對，與之相比莎莎克族在整個龍目島所保留下來的傳統村莊僅剩不過三、五個。（位於南部的 Sade 與 Rambitan，北部的 Segentar、Desa Beloq 與 Senaru）

彷如陀螺倒蓋於空中的穀倉建築物是莎莎克族人主要的建築物代表。與用來居住的房子不同，莎莎克族的穀倉由於是用來存糧所用，為了保存與預防害蟲而架高了起來，有些類似拉祜族人的吊腳樓概念。穀倉是整個莎莎克族村中最吸引人目光的焦點所在。莎莎克族穀倉建築的造型不僅盛行於莎莎克族之間，而是已傳遍了整個峇里島與龍目島地區，不管是度假 Villa 還是 Resort 無不模仿其造型。

參觀莎莎克族村莊的途中，時不時會遇到村民詢問是否要購買他們自己手工編織的各種品項。要不要購買是個人的決定，沒有特別的規定。在開往龍目島的慢船上我以為把在泰國買的銀手鍊弄丟了，於是我最後買了一條麻編織的手鍊，讓手上有個東西。Sade 莎莎克族村是一個觀光業發展得非常成熟的傳統村落，村民已經習慣讓遊客體驗他們的傳統紡織機。一條小型的圍巾需要花他們一個禮拜的時間才能完成，大的需要兩個禮拜。我跟德國室友就如大多的觀光客一般，不免俗地也試了試如何操作他們的紡織機。

只能說紡織這種傳統手工業，還是僅止於體驗就好。村內有一個小小的藝廊，那大概也是整個村內給人最具現代感之地了。參觀完村子後，導覽暗示我們是不是該給他一點表示。我跟室友稍稍討論，決定一人付一半給了一個我們認為差不多的價格，再拍個幾張紀念照後，便離開了 Sade 莎莎克族村。德國室友參觀完村子後將要去 Mataram 找朋友，我則是將要拜訪 Kuta Lombok 三大沙灘的最後一個 Tanjung A'an Beach。

莎莎克族的天然染料｜莎莎克族傳統織布體驗

Tanjung A'an Beach

Ayumi 是在 Tanjung A'an Beach 販售沙龍的龍目島年輕女孩，跟龍目島上其他人一樣穆斯林的她以一襲粉色頭紗出現在 Tanjung A'an Beach 的竹棚內。

「要不要買一條沙龍呀！手工織的非常漂亮呦。」Ayumi 頭上頂著厚厚一疊沙龍來到我面前。整個 Tanjung A'an Beach 竹棚的這頭只有我一人，Ayumi 見沒有其他遊客，乾脆停下來跟我閒聊起來。

「妳從哪裡來呀？」

「台灣。」

「台灣呀！是個賺錢的好地方。我們這裡很多人都去那裡工作。」

「千萬不要去，台灣薪水低，對待你們去那裡工作的人又很差。妳還是留在這裡賣沙龍比較開心。」

「一塊錢台幣對印尼盾是多少？」

「約四百多印尼盾。」

「哇！這麼高。」

「不高的。這裡的海這麼美，天天單看眼前的這片風景也開心。外加龍目島生活支出不

高，若非必須不建議去台灣。」

「我應該不會去的啦。」

話鋒一轉，聊到沙龍，Ayumi 不死心地再問了我一次要不要買一條沙龍。說她的沙龍質感好，顏色選擇多。我說真的無法買，我已經太多類似的東西了且買了也帶不回去。我問 Ayumi 那麼多顏色的沙龍，她最喜歡那個顏色？

「粉色。女孩子嘛，都喜歡粉色的。」

「那是為什麼妳的頭巾也是粉色的原因？」Ayumi 聽了怯怯地笑了起來。說頭巾是為了防曬。

「妳看，我曬得這麼黑，不好看。我多希望我白一點。」

「白沒有什麼好的，妳現在的膚色很好看。想想多少歐美旅客千里迢迢來這裡不過就是想要曬成妳的膚色。」

「是嗎？可是，我還是喜歡白一點。」我想看來亞洲女性基本上審美觀一致，一白遮三醜。

賣不成我沙龍，Ayumi 改問要不要吃鳳梨。心想她好得也跟我耗了相當久的時間且倆人聊得也非常愉快，加上在 Tanjung A'an Beach 這美麗的海灘前，炎炎夏日何不來一顆鳳梨？龍目島的鳳梨跟台灣的鳳梨相當不同，小小一顆很像發於不良的青少年鳳梨。Ayumi 消失了一會兒後，拿著一顆鳳梨跟刀子回來。我問她哪來的鳳梨？原來 Ayumi 還有另一個男夥伴負責鳳梨的載送服務。

Ayumi 把削好看起來像是冰淇淋的鳳梨拿給我時我吃了一驚。一是為鳳梨的大小，二是原來鳳梨的頭還可以當握把使用。Ayumi 說握著鳳梨頭直接吃就可以了，於是我就開始啃起鳳梨來。說實話，龍目島的鳳梨不甜沒什麼肉。成功行銷我一顆鳳梨後，又看抵達海灘的遊客陸續增加。Ayumi 說她要到前方咖啡廳那裡做生意去。叫我下午沒事或想吃飯，也可以到前面坐坐後，她再次頂起厚厚的沙龍朝新目標而去。

繼 Ayumi 後不久我也加入了 Tanjung A'an Beach 唯一的一間咖啡廳兼餐廳 Sama Sama Cafe。Sama Sama Cafe 是 Tanjun A'an Beach 人群聚集之地，除了提供食物、飲料外，還有免費的沙灘床可以使用。Sama Sama Cafe 正前方的沙灘有一個搭建在海裡的鞦韆，吸引了許多穿著比基尼的女孩們上前拍照。在 Sama Sama Cafe 吃完飯後，我點了杯果汁預備在 Tanjung A'an 打發一整個下午。不久 Andy 來到我桌子旁坐了下來跟我閒聊。Andy 是 Sama Sama Cafe 的老闆之一，海上的鞦韆就是他所搭建。他也是唯一一個我遇到有唸大學的當地人，在日惹 (Yogyakarta) 念社工系畢業的他，同時也是 Lombok Kids Foundation 的創辦人之一。

我跟 Andy 聊起了 Kuta Lombok 小孩沿街販售手鍊的事情，又針對海灘的垃圾問題做了些討論。Andy 說他成立兒童基金會的目的，為的也是解決這兩大問題。Lombok Kids Foundation 有固定的淨灘活動跟免費的英文課程。我問 Andy 有機會是否可以到他的兒童基金會參觀。他說非常歡迎，但基金會不是每天都有開。問我會在 Kuta Lombok 待到什麼時候。我說最後一天了。他說這麼快就離開。我說既然碰不到基金會開門，只好下次了。

跟 Andy 聊了一下印尼人到台灣工作的狀況，Andy 是少數一開始就表明知道印尼人去台灣工作所受到的待遇並不怎麼好的人。我告訴他很抱歉，台灣人沒辦法好好地對待印尼勞工。Andy 說不過台灣總還是有好人的，例如我。一個地方永遠都會有好人與壞人，我回。Andy 非常熱愛我們眼前的沙灘，說那是他的天堂。他指著 Sama Sama Cafe 附近施工到一半的建築說，他打算蓋一棟旅館在那裡，就在海灘前，讓旅客朝夕都有大海陪伴，可惜之前因為經費不夠一度停工。「明年，應該就會好了。那時候妳再來就可以住這裡了。」

Andy 告訴我 Sama Sama Cafe 前方的山頭很適合看夕陽，叫我待到晚上，說可以陪我去看夕陽。我想反正也沒事，何樂而不為。後來聊到了學沖浪之事，Andy 說不用去衝浪店找人學，他可以教我。我說要學衝浪不是我，是我即將也要到 Kuta Lombok 的朋友，我僅是幫她打聽學衝浪的費用。至於我，還是先學會游泳再說吧。

突然一位加拿大女孩來到我們旁邊，對 Andy 說，不好意思她知道他正忙著跟美麗的女孩子聊天，但他再不回去幫忙的話，廚房就要爆炸囉。於是 Andy 只好回去應付逐漸增多的客人。我問加拿大女孩也在 Sama Sama Cafe 工作嗎？她說她僅是旅客，她跟廚房的廚師在一起。「男女朋友？」她回：「短暫的旅行戀情罷了。」說跟爸爸在龍目島會合後，她便要返回加拿大。原來加拿大女孩的爸爸退休後在龍目島置產。

不久一位混有黑人血統的法國女孩也來到我們那桌旁，法國女孩說 Andy 就是喜歡跟漂亮的女生聊天。法國女孩跟加拿大女孩兩人早已熟識，且兩人都是 Sama Sama Cafe 的熟客。法國女孩說去年她跟男朋友一起前來，但今年由於男朋友沒錢留在法國，只好自己來。「我發現自己來反而比跟男朋友旅行更有趣。一開始我很擔心一個人很無聊，但想不到我最後交了更多朋友，認識了更多人。相對地，去年跟男朋友一起來時，就我們兩個一直黏在一起，幾乎沒有認識什麼新朋友。我很高興，這次自己出來旅行。」

聊到了看夕陽之事，法國女孩問我怎麼來到 Tanjung A'an Beach 的，我說騎機車。她說那還好。入夜後在 Kuta Lombok 市區外面非常危險，看完夕陽已經天黑，但若我騎機車或許還可以。她對加拿大女孩說，不然她們也一起留下來看夕陽，之後再請 Andy 送她們回去如何？我說若要麻煩其他人的話，那不看夕陽也沒關係。法國女孩說不會麻煩，Andy 人很好，他會很樂意送我們回市區。我說也許他需要工作，她們回咖啡店晚上不營業，他沒事。接著法國女孩又問我晚上有什麼活動。我說沒有安排。她便問我晚上要不要一起去 Barrel Bar，說是那裡有很不錯的音樂演出。我回沒問題且可能還會約我德國室友一起。如此這般約定好看夕陽跟去酒吧之事後，我又重新回到了保羅．索魯的《暗星薩伐旅》上。加拿大女孩跟法國女孩兩人開始無所禁忌地閒聊了起來，中途一度聊到性事上，法國女孩轉頭問我說，這話題不會困擾我吧。我請她們儘管聊。

期間 Ayumi 看到我，我問她生意如何，她開心地說鳳梨大賣，要再準備鳳梨去。我快速地掃了一圈在沙灘上的人，果真到處都看得到大家像吃冰淇淋般拿著鳳梨倒頭啃。飲料喝完後，又繼續埋首書中一陣子，發現天氣實在太熱，暈暈欲睡。且離看夕陽還有兩三個小時，想要回青旅休息的念頭浮現在心中。於是我跟加拿大及法國女孩說，想先回青旅。看夕陽的話，若我來得及我就回來 Tanjung A'an Beach，若趕不上可能就在 Seger Beach 看看便作算，晚上直接約酒吧見面。

回到旅館休息洗完澡後，德國室友剛好也從 Mataram 回來。我跟她說到看夕陽之事，她說可以一起去，但或許去 Seger Beach 就好了那裡也是非常有名的看夕陽之地。

「Tanjung A'an 太遠了，入夜後在外面非常危險。」

「為什麼大家一直說這裡入夜後很危險？」

「因為有壞人。妳知道大家都說若要租機車最好跟自己住的旅館租不要去外面租嗎？」

「不知道。」

「那是因為發生過，有人去外面租機車被騙。去外面租機車，租車行的人會假裝友好地問你今天要去哪玩，有什麼計畫等。其實他們都是為了掌握你的行程。去到你停機車的地方，用備份鑰匙把你租的車騎走，最後再控訴你把車弄丟了，叫你賠錢。於是你就成了無辜的受害者。繼你之後，他們又去欺騙下一個人，不斷重複。」

「噢！天呀！也太可怕了吧。」

「這是真的。但跟旅館租就沒關係，旅館因為要維持聲譽，不敢那樣做，否則沒客人上門。」

德國室友都講成那樣了，最後我們當然只好去了近的 Seger Beach 看夕陽。且就連抵達 Seger Beach 也都已經有些趕場。看完夕陽回來，跟德國室友去了我抵達 Kuta Lombok 第一晚去吃飯的小 Warung 用餐。期間談到了加拿大女孩跟法國女孩約我去酒吧之事，德國室友跟租車事件一樣，依舊以理性的角度分析，說她不認為那會是多有趣的酒吧，且隨便閒聊過幾句的人，她想她們也不會把我去不去酒吧的事情放在心上。於是，我只好做算，剛好隔天一大早也要離開 Kuta Lombok，不如好好休息一晚。

SEGER BEACH 傍晚的一景

SEGER BEACH 的夕陽

給自己訂一趟火山之旅

峇里島與龍目島之旅剛開始時，我還不知道峇里島有火山，也不知道印尼第二高的火山就在龍目島上。首次聽聞龍目島林賈尼火山（Mount Rinjani）是在烏布的 Happy Mango Tree 背包客棧，大家在閒聊時其中一位隔天就要飛龍目島的德國女生說，她要去林賈尼火山徒步，但擔心火山灰會讓飛機無法準時起飛。

住進 Happy Mango Tree 的那晚，我有三個年輕的室友，分別是兩位新加坡籍女孩（一位亞洲面孔，一位南美面孔）與一位德國女孩。她們都一起報名了峇里島火山看日出行程並且邀約我一起去，只不過那天正值懶散，加上對看日出的行程還不是十分了解，就拒絕了。這三位室友當中，兩個新加坡女孩本來就是朋友。德國女孩首次一人出來旅行，可以感覺得到她的緊張與興奮（帶了一個巨無霸大背包）。在峇里島與龍目島的旅途當中，德國人是我最常遇見的同路人。從烏布 Bukit Campuhan 草嶺回來的路上我再遇到了一位同樣年輕並且首次單獨出門旅行的德國女孩。跟我在 Happy Mango Tree 的室友一樣，獨自旅行這件事她還在適應當中。

在火山之前，個人顯得極為渺小

這些首次單獨出門的女孩，當她們聽到我也是獨自出門旅行時，可以從她們的眼中看到瞬間的閃光，一種看到同類的激動。看到她們兩位興奮的言情，不由得升起一種自己已老，已失去了她們那種年輕，對於一切未知既期盼又不免擔心的忐忑情緒。一個人旅行，或許已經太習以為常，久了就以為其他人也都跟自己一樣。當晚半夜，三個室友們匆忙起床為看日出而出門。隔天下午再遇到她們，問看日出的行程如何？說結果下雨了，什麼也沒看到。我心想沒有去果然是對的，我這人的直覺一向很準，若對方問我時，我沒有產生衝動感，那常常意味著不去比較好。

抵達 Kuta Lombok 後，我時不時會思考下一站要去哪裡。Kuta Lombok 的主街上，各家旅遊中心無不把林賈尼火山徒步，也就是爬上印尼第二高的火山當作主打牌，大力推銷。

一種是否也要去爬個火山的念頭於是興起。

一晚德國室友問我下一站要去哪裡？我說在考慮林賈尼火山徒步。德國室友語出驚人地說她剛從那裡回來。我問德國室友火山徒步難不難，她回很難但非常值得。我問她報名了幾天的行程，她說三天兩夜。她提醒我山上非常冷，一定要做好保暖的工作。聽到那我一點都不擔心，因為我背包裡剛好有一件我從冬季的澳洲帶到夏天的印尼一直苦無機會派上用場的毛衣外套（後來我才知道對於林賈尼火山來說，我的毛衣根本不算什麼）。我問她是否有攻頂成功，她說有。我再問山上要怎麼上廁所？「山上沒有廁所，上廁所會是個問題。妳問他們哪裡有廁所，他們會說無處不是廁所。」德國室友無奈地說。聽到這我大受鼓舞。想說自己三年前也曾在雲南爬過雨崩的冰山跟麗江的虎跳峽，怎麼說也算有點經驗。林賈尼火山徒步自己應當勝任得了吧。

在 Kuta Lombok 倒數第二天，我們房間新來了一個從東歐來的男室友。聊起了彼此前後的行程，得知他也剛爬完林賈尼火山。照這樣看來，林賈尼火山徒步不僅受到大家歡迎，且去過的人都十分推薦。這位新來待過上海會講中文的室友也不例外。於是當天我便決定預訂我的林賈尼火山徒步。走在 Kuta Lombok 的街上，琳朗滿目的旅遊攤位，我完全不知道選哪家才好。最後隨意挑了一家走進去問，對方說林賈尼火山徒步分三天兩夜跟兩天一夜的行程，問我想選哪一個。三天兩夜行程開價是兩百五十萬印尼盾（約台幣六千多），兩天一夜的行程是一百七十五萬印尼盾（約台幣四千多）。這價格簡直讓我瞠目結舌，太貴了我想。

「不能便宜一點？」

「妳想選哪一個？」

「大部份的人都選哪一個？」

「基本上選三天兩夜的人比較多。」

「兩天一夜的跟三天兩夜的行程有什麼不同。」

「除了起點不一樣。三天兩夜的行程還會下到火山湖附近跟經過溫泉。」

「都會攻頂嗎？」

「會。」老實說我自己也不知道哪個比較好，遲遲無法決定，外加價錢太貴，更是無法下手。

「妳從哪裡來？」對方眼看我一時無法決定，乾脆先跟我閒聊起來。

「台灣。」

「我去台灣工作過，在那裡賺到錢，回來買了一台車，現在才能做生意。」

「哇！這麼厲害，恭喜。」

「既然妳是台灣人我算妳便宜一點。畢竟沒有台灣，就沒有今天的我。妳想要多少，寫下來。」

「我在桌面上的紙寫下一百萬這個數字。」

「幾天？」

「兩天一夜。」

「這個價格除非你自己負擔抵達那裡的交通費用，否則我無法。」

「老實說三天兩夜跟兩天一夜真的非常難抉擇。」

「妳還剩幾天的時間？林賈尼火山之後想去哪裡？」

「我大概一個禮拜左右，之後想去吉利群島（Gili Islands）幾天。」

「這樣對三天兩夜來說時間不夠，妳去兩天一夜就好了。兩天一夜也會看到所有的東西，沒有什麼差別。」

「真的嗎？」

「對。兩天一夜的路線就是原路上去，原路返回。一樣會在稜線過一晚，凌晨攻頂，接著下山。」

「那火山湖呢？看得到嗎？」

「在山頂，什麼都看得到。」

「好吧！不過真的非常想試試看三天兩夜。」

「這樣好了，一百三十萬妳要我給妳三天兩夜。」

「兩天一夜呢？」

「一百二十萬。」

「這個價錢可不可以包含我從火山下來後，去 Gili Meno（吉利群島三島之一）的交通？」

「沒問題。」

於是我訂了兩天一夜的行程。原因是不想太趕，想留幾天等爬完火山後，能夠到小島上好好放鬆個幾天恢復一下。此外，從對方給我的價格來看，果然在峇里島跟龍目島都一樣，不殺價不行。且殺到最後，兩天一夜跟三天兩夜的價格竟然如此相近不由得讓人吃了一驚。確定好兩天一夜的行程後，我突然想到還一個很嚴重的問題，那就是我沒有適合爬山的鞋子。就如先前所說的，人還在澳洲時我對峇里島的認識是零，以為就只是去享受沙灘跟 Spa，穿拖鞋就夠了。所以除了一雙夾腳拖，我什麼也沒有。我詢問對方沒有徒步的鞋子怎麼辦？對方說很簡單，去林賈尼火山的路途中看到鞋店請司機停車讓我下去買一雙就好了。我很懷疑那樣真的行得通，可對方不斷跟我拍胸脯掛保證，我也只能姑且信之了。對方給了我名字跟電話，又約好了隔天早上七點到旅館門口接我後，我的林賈尼火山徒步就正式定案了。

我在 SENARU 的
德國室友 ANIKA

爬火山前先去看瀑布

從Kuta Lombok坐車到印尼第二高的火山林賈尼山腳下的村子Senaru需要四小時的車程。我跟Same Same Bungalows退房時，櫃檯問我接下來要去哪？我答去爬火山。對方問跟誰訂的行程，我說路邊隨意訂的。聽到我的答案，櫃台的人露出了遲疑的神情。不知道是因為我沒跟他們訂而跑去外面訂，亦或是外面訂的行程不可靠。總之，櫃台的舉動讓我對於已了付一半訂金的林賈尼火山徒步，一點信心也沒有。

早上七點左右接我去Senaru的車子終究還是如期出現在Same Same Bungalow的門口。繼我之後那位從台灣賺到錢回Kuta Lombok買休旅車的旅遊中心人員，告訴我他還要去別的旅館接幾個人。到了別的旅館，等待他人上車之際，他對我說：「現在可以付另一半的錢了吧。」我問是否有其他人跟我一樣要去林賈尼火山徒步，他說沒有，就只有我一人。這遠非我預料中的答案，照理來說林賈尼火山徒步不應是很受歡迎的嗎?往Senaru的路上，共有一對要去Bangsal港口搭船去吉利群島的夫妻，跟幾個要去Senggigi的年輕背包客。

TIU KELEP 瀑布

帶我們前往 SINDANG GILA 與 TIU KELEP 兩個瀑布的嚮導

我問那位賣行程給我的人，他是否會跟我一起去到 Senaru。他說不會，他還要返回 Kuta Lombok 顧攤位，說他目前還沒辦法請員工，凡事都需要自己來。「妳放心，到了那裡我老闆的人會來接妳。有問題隨時打給我。」果然，他載我們到了離 Kuta Lombok 不遠的某地後，我們就換車了。A 車先接人，B 車再把你載到最終目的地，是龍目島旅行社常用的手法。這樣的好處在於，不同的旅行社可以透過此方式，節省成本，把要去同一地方的人都集中到某一台車子內。

從 Kuta Lombok 沿著海線北上是一段相當宜人的路程，車子隨著地勢的起伏忽高忽低，兩旁伴山伴海，稻田、椰子樹沿路都是。車子進入 Senggigi 市區時，我總算可以稍稍一睹這遠比 Kuta Lombok 更為一般人所知，也更多度假 Villa 的地方了。沿途所看到的海灘，讓我發現 Senggigi 對我一點吸引力也沒有。我在 Same Same Bungalows 的德國室友爬完火山回來後，曾在 Senggigi 待過一晚。她對 Senggigi 的評價也不高，不過這多少與她住到了一個可怕的旅館也有關。一晚我跟她說自己曾考慮過要去應徵 Lonely Planet 的中文旅遊指南作家。她說那個工作其實很無聊，就是不斷地去更新旅館與餐廳等資訊，非常單調。且有時候那些指南作家連走進房間跟浴室去看一眼也懶，僅是在櫃檯問一下最新房價就走人了。德國室友之所以那麼憤慨，原因就在於她在 Senggigi 住了一間 Lonely Planet 推薦，卻一點都不可靠的旅館。

休旅車在 Senggigi 一間巨大的旅館門前停下來，幾個年輕的背包客下了車，我們其他人順勢去趟洗手間。旅館的餐廳擠滿了人，一片鬧哄哄，這景象更加深了我不想停留在 Senggigi 的決心。重新上路不久，休旅車又在路邊某個轉彎接了幾個旅客，之後就一直往北開朝 Bangsal 而去。接近 Bangsal 時，馬車在路上奔跑的情景越來越頻繁，一直以來我都以為馬車只會出現在吉利群島，想不到龍目島也有且還不少。Kuta Lombok 沒有馬車，僅有不便宜的騎馬體驗。一直要我到了吉利群島後，我才真正地意識到，龍目島跟那裡的馬車不僅是給觀光客搭乘，那同時也是當地人常用的一種交通工具，用來載人跟載貨。

抵達Bangsal後，我又換了一次車，這次總算全車的人都有了一個共同的目的地與目標那就是去Senaru為林賈尼火山徒步做準備。這批新的同路人分別是一對男同志、一對波蘭情侶與一個德國女生。中午我們抵達Senaru落腳的旅館，旅館的人叫大家分別把自己所訂的林賈尼火山徒步收據拿出來，說看要怎麼付款。那時我才知道原來我們還要在Senaru過一夜，而非直接出發上山。旅館的人看了我的收據說，沒問題，不用再付房費。但是在Senaru的吃喝要自費。也就是說我在Kuta Lombok所訂的兩天一夜林賈尼火山徒步，其實是包含了一晚在Senaru與一晚於火山上的住宿、所有的交通費用與開始登山後所有的伙食。亦即兩天一夜，其實是三天兩夜。三天兩夜是四天三夜，難怪先前旅遊中心的如說若我之後想要去吉利群島待幾天，時間可能會不夠。

同志情侶與波蘭情侶都雙雙成對，理所當然我就跟德國女生，Anika成了室友。安頓好之後，旅館的人立刻上前關心我們是否要去瀑布，說是有嚮導可以帶我們去。我個人對瀑布的興趣不高。不過參考了一下價格後，發現是可以接受的範圍。就問同志情侶是否要一起，一臉疲勞的同志情侶說前一晚開趴踢玩得太瘋，要補眠不去。Anika說她肚子有點問題，還是在旅館休息比較恰當，畢竟明天要爬火山。眼看他們都沒有要去，想說自己去也沒意思。殊不知吃完飯後，波蘭情侶竟然一副準備出發去瀑布的模樣。旅館的人看到我當然又再問要不要去。我本來已下定決心不要去，準備跟Anika在Senaru

走走。但走了一趟後發現 Senaru 就僅是一個陡直的上下坡而已，去雜貨店買個餅乾零食也就結束了。想想不如去瀑布。Anika 不能去十分惋惜，叫我連她的份也一起玩，多拍點照片回來跟她分享。

就這樣波蘭情侶、我與嚮導，四人出門看瀑布去。我一直以為去瀑布需要坐車才有辦法抵達，那也是為何一開始我不想去的原因。誰知道嚮導說走路就到，第一個瀑布約二十分鐘的路程，從第一個瀑布到第二個瀑布約再二十分鐘左右，加上中間停留在瀑布的時間，來回約兩個小時。從旅館不斷往上走，來到馬路旁一條小徑的入口一人忽然從上方走下來，說是要收門票。我們掏了錢買票後，就沿著一條有清澈泉水持續流下的渠道旁的小路前進。剛走沒幾分鐘，路邊跳出了許多猴子的身影。我沒料到 Senaru 也有猴子，且就這麼隨意地出現在路邊，十分興奮。嚮導說以前猴子更多。我問猴子會不會攻擊旅客，嚮導說不會。拍了幾張照後，我們繼續前進。

沒多久我發現這條沿著山壁開闢的渠道跟小路，根本就是一路到底，沒有任何岔路可言。同時路上偶爾也會遇到從瀑布回來的旅人，且他們沒有嚮導跟著。於是，我意識到了一件事，那就是去看瀑布原來根本就無需請嚮導！當然走在那種旁邊是懸崖約兩人寬位於森林中的小路上，嚮導的存在多少都有安鎮心神之效。我們的嚮導一路上不時強調他英文不好，請多多包涵。嚮導說沿路所看到的渠道的水都是從瀑布上流下來，當地人會用那些水來洗澡、洗衣服等飲用外的用途。

第一個瀑布叫 Sindang Gila，這個瀑布的特色是水流從非常陡峭的山壁上筆直降下來，要形容 Sindang Gila，再也沒有比唐朝詩人李白的「白髮三千丈」來得更恰當，更有氣勢了。Sindang Gila 的水十分透澈清涼，我忍不住把雙腳放到水裡泡了泡。問波蘭情侶要不要一起更襄盛舉，穿著布鞋的他們說，懶得脫鞋子。嚮導早已來過這瀑布幾百次，會在瀑布停留多久，完全是依我們的意思。看波蘭情侶一副真的不想下水的樣子，我泡了幾下也覺得沒意思。就跟嚮導說可以出發到第二個瀑布去了。

往第二個瀑布 Tiu Kelep 的路途較為辛苦，需要涉水而過兩三處，但也正因如此，頗有一種冒險氣氛，我個人十分喜歡。波蘭情侶穿著布鞋這時就相對麻煩一些，他們沒聽到嚮導說過了對岸馬上又要再次涉水，以至於鞋子脫了又穿，穿了又脫。路上遇到幾個自己去瀑布的外國背包客，到了涉水處他們不確定是否就是往前方的叢林走去。看到他們遲疑，我們的嚮導十分熱心地為他們指路。但幾個大男生還是不具信心，最後決定也稍做休息，等跟著我們一起走。

往瀑布的途中，嚮導跟我們說了一個故事。他說先前有一個加拿大女生顧他當她的私人導遊，陪她玩一整個多月的龍目島區域。「我跟她幾乎有點像男女朋友的關係了，你們知道嗎？」嚮導一副驕傲地說著。說完故事後，嚮導拿出一頂紅藍兩色的針織帽戴在頭上，說那是加拿大女生送給他的紀念禮物。「我非常想念她。」嚮導說。

一次停下來休息時，兩個路過的加拿大女生對著嚮導的帽子大叫，說那是加拿大某某球隊的帽子。「是的，沒錯。」嚮導興奮得像個小孩，終於有識貨的人出現了。想當然爾，嚮導又跟她們分享了一次他跟加拿大女生的類情侶關係。兩個加拿大女生問是否可以跟嚮導拍照，嚮導哪有不樂意的道理。與 Sindang Gila 相比，Tiu Kelep 瀑布的水面積更大，瀑布下方的水潭積水更深更廣。但論氣勢而言，Sindang Gila 更勝一籌。Tiu Kelep 是個可以下去游泳的瀑布，不畏瀑布的水氣與寒冷，一對歐美情侶硬是要在瀑布下方穿著比基尼游個泳，用 Gopro 拍影片。大部份的人，基本上都不過是到瀑布下方拍個照，或踏踏水，真正會瘋狂進到瀑布正下方跟後面的人不多。

回程的路上我們遇到了不斷往瀑布方向而去的旅客。一直到我抵達吉利群島後，我才知道原來 Sindang Gila 與 Tiu Kelep 是非常有名的瀑布。看瀑布與爬火山幾乎成了龍目島不可分割的一個組合。除了瀑布與猴子，往瀑布途中的景色也十分優美，雖說是來回接近兩個小時的路程，但走起來並不覺得久。沿路流水潺潺的渠道，有時會有像隧道般穿越山體的段落。接近 Sindang Gila 瀑布的一個隧道，嚮導說若我們有興趣可以下去走看看，但我們都沒那個閑情。

回到入口處附近，去程看到的猴子群們又再度出現。回到旅館，Anika 還在睡覺。我問嚮導要付他多少錢？他說隨便我。我問波蘭情侶付給他多少。他跟我說了一個數字，確切金額是多少我忘了，印象中是個讓我覺得有點貴的價位。心一橫我跟他說，波蘭情侶付給他多少，我就付給他多少。但回到了房間，冷靜下來一想，靠！不對呀，對方是付兩個人的錢，我沒事付雙倍的價格給他幹嘛。

也許是這無意中的大方，嚮導自那之後，對我異常地好。不但特別告知我原來旅館頂樓那裡有著絕佳的視野可以遠瞭林賈尼火山。就連當我跟他說起我僅有拖鞋不知道要怎麼爬火山時，他也立即幫我想出了辦法。先前在 Kuta Lombok 那位從台灣賺到錢回龍目島買休旅車的人說什麼可以在往 Senaru 的路上，買雙適合登山的鞋子，一點都不可信。從 Kuta Lombok 往 Senaru 的路上，一間鞋店的影子都沒有。好險，在 Senaru 的旅館，有前人爬完火山後留下來的鞋子，且還是一雙非常合我腳的女鞋。到了這裡，攀登火山之事，總算準備完成。

SINDANG GILA 瀑布

林賈尼火山徒步，開跑

從 Senaru 旅館的陽台可看到林賈尼火山，一個微微向右彎牛角般的山頭，在底層熱帶雨林的襯托之下，光禿禿的林賈尼火山有如漂浮在綠色林海中的孤島。興許是火山還在極為遙遠的位置，那時在 Senaru 喝著咖啡的我們，仍難以想像攀登上山頂的艱苦。

跟我同一個旅館的人，大多都報名了三天兩夜的火山行程。德國室友 Anika、同志情侶與年輕的波蘭情侶檔都是，只有我報名了兩天一夜的行程。出發去爬火山的早上，Anika 看我沒有襪子，送了我一雙襪子，這樣加上前人留下來的鞋子，我的火山配備總算湊齊。把主要的行李寄放在行李房後，我跟 Anika 拍了張合照做紀念。二十出頭的 Anika，也曾在澳洲打工度假過一陣子，接下來預計旅行六個月再回德國。如先前所說，德國人是我這趟峇里島與龍目島之行最常遇到的同路人。短短的時間內我就遇到了四個單獨旅行的德國女孩子。Anika 看起來並不是運動型女孩子，微胖的身材外加肚子不舒服，在這種狀態下她還報名了三天兩夜的火山徒步，讓我十分佩服。

出發前 Anika 說想跟旅館的人要一捲衛生紙帶在路上使用。前一天往 Senaru 的路上，

遠方有如牛角一般在綠色林海中浮起的就是林賈尼火山

司機特別交代，衛生紙在如廁時異常重要，叫我們記得要自備。我本想自己有小包的面紙，不需要一捲衛生紙那麼多，哪知前一天帶我們去瀑布的嚮導自動給了我一捲，說是讓我帶上山。看來，前一天的嚮導費多給不是沒有效果。回到房間我跟 Anika 說，一直以來都覺得自己何其幸運，在路上遇到了這麼多願意幫忙的人。Anika 說那是因為我長得漂亮。我回她說對我好的人不分男女，像遇到她我也覺得非常幸運。Anika 笑了笑。一個在 Senaru 旅館前檯工作的年輕龍目島男生，十分喜歡唱歌跟聽歌。一次他高聲大唱 Adele 的 Someone Like You。我問他聽那首歌時，他在想誰？他說幾個月前，有一個跟他很好的台灣女生到過 Senaru ，這首歌乃是為她所唱。我問他們還有聯繫嗎？他回偶爾。從嚮導到旅館前檯的這男生，讓我體悟到不管峇里島還是龍目島，印尼的男生有個非常驚人的特質那就是情感澎湃異常。

等待出發之際，我想到昨天下午所看到的那些剛從林賈尼火山上下來，好像在泥土裡翻滾了幾天幾夜，疲累帶著大小不一的戰績（破皮、扭到腳等）卻又露出滿意笑容的旅人，實在無法猜測等在我前面的是什麼。所有我在 Senaru 旅館有聊過天的人好像都不是我的隊友。最後旅館人的問我是不是一個人跟兩天一夜？我說是的。那妳就跟著那群人，他指著一群剛從休旅車上下來，才踏入到旅館大廳的人說。就這樣，跟著一群全新的隊友，一對法國夫妻、一起去瀑布的波蘭情侶（想不到我們同隊）、一對德國情侶與三個印尼女生，我比 Anika 先出發去了火山。

我一直以為我們之所以在 Senaru 住一晚，為的就是能夠隔天一大早直接從 Senaru 往上走抵達火山。然而事實卻非那般，我們坐上一台小貨車，一群人還得再搭上一個小時左右的車才能到達林賈尼火山真正的登山口。往林賈尼火山的路上，我跟其中一個來自爪哇信仰基督教叫 Stella 的印尼女孩坐在前面的副駕。其他人都坐在後車廂沒有遮陽用來載貨用的空間內。「妳看，我坐在後面的朋友的表情，天呀！她們臉色好難看呀，哈哈。我們可以坐在這裡真的太幸運了。」Setlla 說。

我往後一看，果然另外兩個印尼女孩都被太陽曬得一副臭臉。與她們相比，其他隊友倒是還好。畢竟也只有亞洲女孩討厭太陽的照耀了。還不到二十三歲的 Stella 說，想要在二十四歲之前結婚。我說那不就快了，有男友了沒？Stella 說爬完火山回去後，就要去跟男朋友的父母吃飯，她萬萬不能曬黑。我跟 Stella 說二十四歲結婚算相當早了。Stella 卻說一點也不早，她不懂為什麼有些人二十七、二十八歲都不結婚，畢竟年紀越大越難挑對象。我說不巧我剛好就是那群二十七、二十八歲還不結婚的人之一。估計沒有三十出頭我是不會結婚的。

Stella說羨慕我可以到處旅行，講她也想像我一樣，到世界各地去看看。我告訴她，只要她想就可以。Stella說可她的父母很傳統，他們最大的願望就是她趕緊找個好人家嫁了。對他們來說，女孩子最重要的事情莫過於結婚生小孩。我告訴她在台灣很多父母也都有類似的想法。像我這樣到處流浪，基本上就是典型的不肖女。Stella在目前這位男朋友之前，交過兩位男朋友。可惜一個太窮，一個又太有錢。「有錢那個，實在太有錢了，以至於對方父母有點看不起我們家。我媽認為那不好，最後就分了。」Stella說。她說目前的男友是朋友介紹，家境不錯，不至於跟她們家差太多，又無需擔心經濟的問題。Stella希望嫁一個可以負擔家裡一切的人，而她自己的薪水只要留給自己就好了。我問Stella她男友怎麼沒有跟她一起旅行，她回本來他們是預計一起出來。可她媽媽跟她說還沒結婚之前不准他們倆單獨出去。我心想那真的相當可惜，像從事林賈尼火山徒步這種行程最適合看出一個人適不適合了。

從帽子、長袖、長褲與專業運動鞋等配備看起來，不管是Stella還是她的兩個朋友都比我準備得周全多了。可Stella卻說她以前從未有過徒步的經驗，這次的行程完全是臨時興起。我問Stella她這趟行程付了多少錢，她說兩百五十萬印尼盾。我一聽之下，大為吃驚，我問她爬幾天的行程，她說兩天一夜。

「妳從哪裡來Senaru？」

林賈尼火山徒步才剛起頭

「Mataram。」

「你們跟誰訂的行程？」

「跟在 Mataram 住的旅館訂的。」

「這價格有包含妳在 Mataram 住的旅館費用嗎？」

「沒有。就是火山兩天一夜的費用。包含嚮導、食物、住宿與挑夫等等。」

我不敢告訴她，她付的價格異常貴。明顯地就被飯店抽了一大筆。到了登山入口，往林賈尼火山國家公園處填寫資料的途中，Stella 說若她們走得太慢的話，我記得要等她們。我說我也沒什麼把握。徒步已經是好幾年前的事了，在澳洲打工度假的一年當中也沒做什麼運動。興許她們會比我快很多也說不定。填寫完資料，嚮導把我們帶到一條馬路旁的小徑後，林賈尼火山徒步就正式開始了。我們一隊十個人加上嚮導，浩浩蕩蕩地，縱列走在田間小道上。遠方，比我們早出發的隊伍的身影，隨著時間的過去，越見渺小。

在塵土飛揚中邁向火山之巔

乾與熱，是林賈尼火山徒步開始後最先襲擊上來的感覺。八月正值龍目島乾季，許久未沾一滴雨水的泥土路，一經人踏過，後來者立即便籠罩在黃色的粉塵細雨之中。一個、兩個、三個，邁向林賈尼火山的徒步者接二連三，身體力行凡走過必留下痕跡，製造一陣又一陣的粉塵雨給後面的人，除非打道回府，否則只能認命地往那粉塵風暴之中前進。有備而來的隊友們，出發前就戴好了帽子跟太陽眼鏡。全隊裡面最準備不周的就是我，一個完全不知道林賈尼火山路況的人，登山前連布鞋跟襪子都沒有，更別說這哪時生出帽子來抵抗燒得發燙的陽光。

走在前方的波蘭情侶 Jacek 與 Kata 給我了一點靈感。Jacek 不知何時拿出一條毛巾披在頭上，抵擋過度盛情的豔陽。我一直以為徒步開始後不久便會走入熱帶雨林之中，也就是說到那時陽光多少會被森林給擋掉一些。殊不知，整個火山徒步經過森林的區域僅有少少的十幾分鐘。過了那，基本上就是走在光禿禿的草坡上了，直到山頂。後來，我也拿出僅有的一條毛巾來，仿照 Jacek 披在頭上。徒步開始一陣時間後，我意識到除了

JACEK 與 KATA

遮陽，毛巾最常被我拿來使用的功能其實是遮掩口鼻，粉塵瀰漫的情況實在太嚴重，毛巾很快也沾滿了泥土。那時我心裡最大的疑問是，為何知道路況的嚮導不給大家準備口罩？

我們的隊伍以德國情侶檔跟法國夫妻檔為首走得飛快，波蘭情侶檔 Jacek 跟 Kata 也以讓我意外的高速緊跟在後，他們完全一掃去瀑布時給我那弱不禁風的形象，竟然還有閒情逸致手牽手地徒步，我佩服不已。三個印尼女孩這時，已經不知道落後到哪裡去，嚮導也不見了，想必在等她們三個。一種莫名的緊繃氣氛緊緊籠罩我們，火山徒步才開始不過一個小時，據說要爬七、八個小時才能抵達第一晚過夜的稜線。

也許是剛好沒有跟我們一同出發的隊伍，又或許是前方遙遙領先的身影太多，無形之中趕緊向前邁進的壓力不斷襲向我們，或者說三個印尼女孩以外的我們這群人。照理說每個隊伍都會配備有挑夫，負責把食物、水與及帳篷、睡袋等挑上火山。但從出發到中途休息的山坡，始終沒看到挑夫的人影。大家開始議論紛紛，開玩笑說該不會我們根本沒有挑夫吧。

放眼一看同樣在這山坡上休息的其他隊伍，挑夫嚮導總是伴隨在側。而我的嚮導人還不知在何處，連挑夫是誰也不知。最後當嚮導跟印尼女孩們終於進入我們的視線範圍時，我們已經休息夠又準備出發了。如此這般，印尼女孩們總是趕上我們其他人休息的尾巴便得繼續上路，越來越累。接近中午，嚮導擺脫了印尼女孩們，追上我們說要在一個小橋邊休息吃午飯。當我們抵達小橋時，那些從未現身過的挑夫們，早已在那裡切菜、開火煮起我們的午餐來。照理說休息吃飯是一大樂事，但從出發至今，我們的隊伍才走不過兩個多小時而已呀！除了印尼女孩們，其他人對於嚮導決定於這時間點停下來吃飯，充滿了不解。

「我們才走兩個小時，不懂為什麼要現在停下來，才十一點多。」

「據說還要再走至少四至六個小時才能抵達第一晚過夜的地方。」

「附近好像都沒有其他隊伍。」

挑夫們正在準備午餐

KATA 與我在露營區

不管我們如何議論紛紛，挑夫們已經煮飯煮到了一半，不吃是不行了。大家勉強坐下休息，挑夫跟嚮導們十分貼心，不久就遞熱茶與餅乾給大家消疲解勞。一陣子過後，三個印尼女孩拖著沉重的腳步，總算也趕了上來。期間，零星的其他隊伍，陸續經過我們。從火山下來的人看到我們，彷如看到他們先前的影子，不斷給我們加油打氣。法國夫妻檔的女生說：「你們看看那些從山上下來的人的表情，我相信我們一定也可以做到的，當我們從火山上下來時，我們一定也會跟他們一樣，放心。」

開始爬火山之前，我不懂為什麼要參加行程。但當徒步一開始後就很容易理解。參加行程的好處在於，旅行社會幫你安排車子交通的問題，就像先前說的火山國家公園的登山口並不是直接在 Senaru 山腳，而是別處。接下來就是吃飯、喝水與睡覺的問題。有參加行程的人，上火山之時，僅需背帶個人物品即可（如外套、藥品、零食與一瓶隨身攜帶的水等），無需背載食物、水、帳棚與睡袋等沉重卻必要之物去攀爬印尼第二高的火山（海拔3,726公尺）。邁向林賈尼火山的路途是就算有挑夫幫你挑載了所有沉重的生存必需品，也一樣會讓你累得喘不過氣來，常常滑倒並跌個吃狗屎的難度。因此，不難想像當我們於午餐期間喝到熱騰騰的茶與吃到美味麵食時的感動。挑夫為了煮飯，還需要把小型瓦斯爐帶上火山，林賈尼火山的高度幾乎跟玉山一樣，但困難的程度卻比玉山高許多。

中午吃飯期間，印尼女孩Stella拿出防曬油出來補充，看她拿著110 SPF/UVB，PA+++的防曬油猛力往臉上手上狂噴時，我愣住了。我從來沒看過這麼高係數的防曬產品，印象中50已經是極限。Stella說她真的不能曬黑，她回去可是要跟男友的父母吃飯，需要照顧好她那張臉。為了徹底防曬，她甚至還帶了一支傘上山。我吃驚到了幾乎無法言語的地步。從沒想過會來爬林賈尼這種等級火山的人，也會出現帶雨傘去防曬情況。於是我真正地意識到，三個印尼女孩們原來真的是對於徒步與登山，一點概念都沒有。老實說，不難從其他隊友之中，察覺得到他們認為那三個印尼女孩的速度太慢。但我認為也並沒有必要如德國情侶般地死命趕路，天黑前上到山頂不就好了。

三個印尼女孩當中，Stella由於先前在車上坐我隔壁，跟我話也最多。Stella說旅行社的人欺騙了她們。旅行社的人之前跟她們說，會幫帶一切東西的，包含行李。可是當我們出發時她卻發現原來要自己背負，可她的背包沉重異常。老實說，我報名時對方確實也是說過會幫我帶一切東西包含行李。後來當我們的大型行李都寄放在山腳後，自己的隨身小包就僅剩下一些小物品、一件防寒外套與一套換洗衣物，我想那樣一點東西自己背也無關緊要。且看到挑夫要挑的東西後，更是無話可說了。印尼女孩們的背包無疑是整個隊伍裡面除了嚮導外，最為沉重的三個。當我看到 Stella 拿出雨傘後，我已經猜測得到何以她們的背包會重了。

午餐過後，我們趕緊出發，一種所有的隊伍都已遙遙領先我們的錯覺依然不散。不久後，我們終於來到了聚滿人群的地方，原來在我們前方的隊伍大多都選擇在那裡用午餐。人多，垃圾就多，路過他人的用餐之處，不禁對我們的嚮導佩服起來，好個先見之明呀。繼續往上的路越來越陡，越來越難爬。一個不注意德國情侶的女生滑倒在地上，膝蓋破皮流血。法國夫妻檔的女生趕緊拿出隨身的急救包幫她做簡單的處理。接著就繼續上路，那時嚮導跟印尼女孩們，有如先前般不知道又落後在何處。走在前面的我們，已經放棄於休息中等待他們，決定跟著其他隊伍向前走，通往火山的路僅有一條。

林賈尼火山徒步的難度既不在它的高度也不在於路途的危險度。它的難在於得筆直地爬過一個又一個山頭，幾乎階梯式地往上。其中讓人感到最難以應付的是它的泥土坡。往上的路原來根本不是路，是草坡。草坡不斷地被登山者踩踏無數次後，草死了變成光禿禿的泥地就成了路。這路的泥不知道又被踩了多少次後成了麵粉般細緻，當這種又細又乾的泥粉遇到旅人的腳時，簡直就成了溜滑梯，踩上去沒有不往下滑的。那就是林賈尼火山徒步最困難的地方，得跟泥粉作戰。爬上林賈尼火山時最常看到的情況就是，往上踏一腳，往後滑三、兩步，有時候滑得太多整個人就趴在地上了。可以說是沒有滑倒過，就上不了山頂的境界。去林賈尼火山之前，我認為爬山最怕的莫過於下雨，常人說天雨路滑，但原來天乾路亦滑。

下半段的攀登過程，我無法用文字描述，僅能說支撐我繼續爬到山頂的原因僅有一個，那就是下山看起來更可怕。想想看往上都會向後滑的路，往下不知道會跌到哪裡去。人人都說情侶一起去旅行最容易知道合不合，攀登林賈尼火山的路上，我親眼見證了這句話的可信度。爬到僅剩三分之一的路程時，整個隊伍的人，或者該說所有往上爬的人，都到了精疲力盡的階段。每踏出一步，靠的都是一分毅力在支撐。德國情侶與法國夫妻最終還是領先我們消失在視線裡。我跟波蘭情侶組莫名地成了一團。來到這最疲勞的階段，波蘭情侶組的女孩 Kata 說，她再也走不動了，說完就直接坐在地上。那之際，我也是緊抓著一顆長在山壁的小樹枝不放，整個身體依靠其上，不停地喘氣，快死了。「親愛的，我們現在開始每走五分鐘就休息一下。妳只要再走五分鐘，看到了沒有，就是前方的那顆樹那裡，到了那裡，我們就可以休息了。加油，妳可以做到的。」說完，Kata 的男友 Jacek 扶起癱坐在地上的女友，兩人緩緩地又繼續往前邁進。如此這般，Jacek

不斷地給 Kata 打氣，偶爾也過來照顧一下我這個孤身快掛點的人，三人一路扶持。最後竟然就那般抵達了第一晚的露營點，稜線。

一路跟隨在這對波蘭情侶組之後，我得說 Kata 完全可以嫁了！果然，Kata 跟 Jacek 已經訂婚。Kata 的外表柔弱，若非親眼所見，是那種難以想像會出現在火山徒步的人。整路以來，儘管她萬分疲憊，有時甚至出聲抱怨，但最後總還是提起腳，努力跟上未婚夫的步伐，登上火山。我得承認她有那種我所沒有的韌度。當然我也一樣爬上了火山，但那真的是逼不得已，既來之則安之，不爬就後退。話說當我們好不容易在稜線休息，後又去山頂中唯一一處有涓涓細流的水源之地，洗了臉跟裝了水回來後，三個印尼女孩依然還不見蹤影。

太陽即將西下，大家都躍躍欲試地拿起相機，找好位置，準備捕捉這千辛萬苦才看得到的景象。與其說是壯觀，不如說林賈尼火山的夕陽異常地平和，細膩與柔美，橘黃的光線漂浮在白色的雲海之上。

突然一個有如金字塔般的完美三角形吸引了我的目光，嚮導說那是峇里島的火山。「忽聞海上有仙山，在虛無縹緲間。」在看到那於夕陽中現身於雲海的峇里島火山時，這兩個句子幾乎立即地浮現在我的腦海裡。

在印尼第二高的火山上露營

林賈尼火山湖的造型有如一朵已些微乾枯的咖啡色蓮花。圍繞著湖四周高低起伏的山稜是花瓣，中間靜靜的湖水是蓮蓬，小小的火山錐是已經冒出頭的蓮子。細細的白煙，持續從湖中錐體飄起，向我們這些瘋狂的旅人宣示著它無可置疑的身份：火山。

一頂又一頂的帳縫，或橘黃，或深藍，或深灰在稜線的這裡跟那裡陸續搭起。天色即將全黑，在各隊伍的帳篷都已經搭蓋完畢，挑夫們開始生火煮飯之際，印尼女孩 Stella 總算出現在我們的營地上，不過還是不見另外兩個印尼女孩的蹤影。「我一定要去客訴導遊，他實在太過分了，竟然拋下我們不管。妳知道嗎？是陌生人幫我耶！是路上的人看見我的樣子，幫我提包包，我才能到達這裡。太誇張。」Stella 忿忿不平地抱怨著。

老實說對於導遊拋下她們三個不管，我也嚇了一跳。畢竟天黑了，若她們三個在路上發生意外怎麼辦？通往稜線的路儘管白天攀爬也容易跌倒出意外，何況天黑。但後來一想，也不對。整個隊伍有十個人，若導遊不拋下她們三個，那我們其他七人又該怎麼辦。當我們抵達稜線時，完全不知道該在何處落腳。別隊的人都搭起帳篷了，我們還在等待導遊。

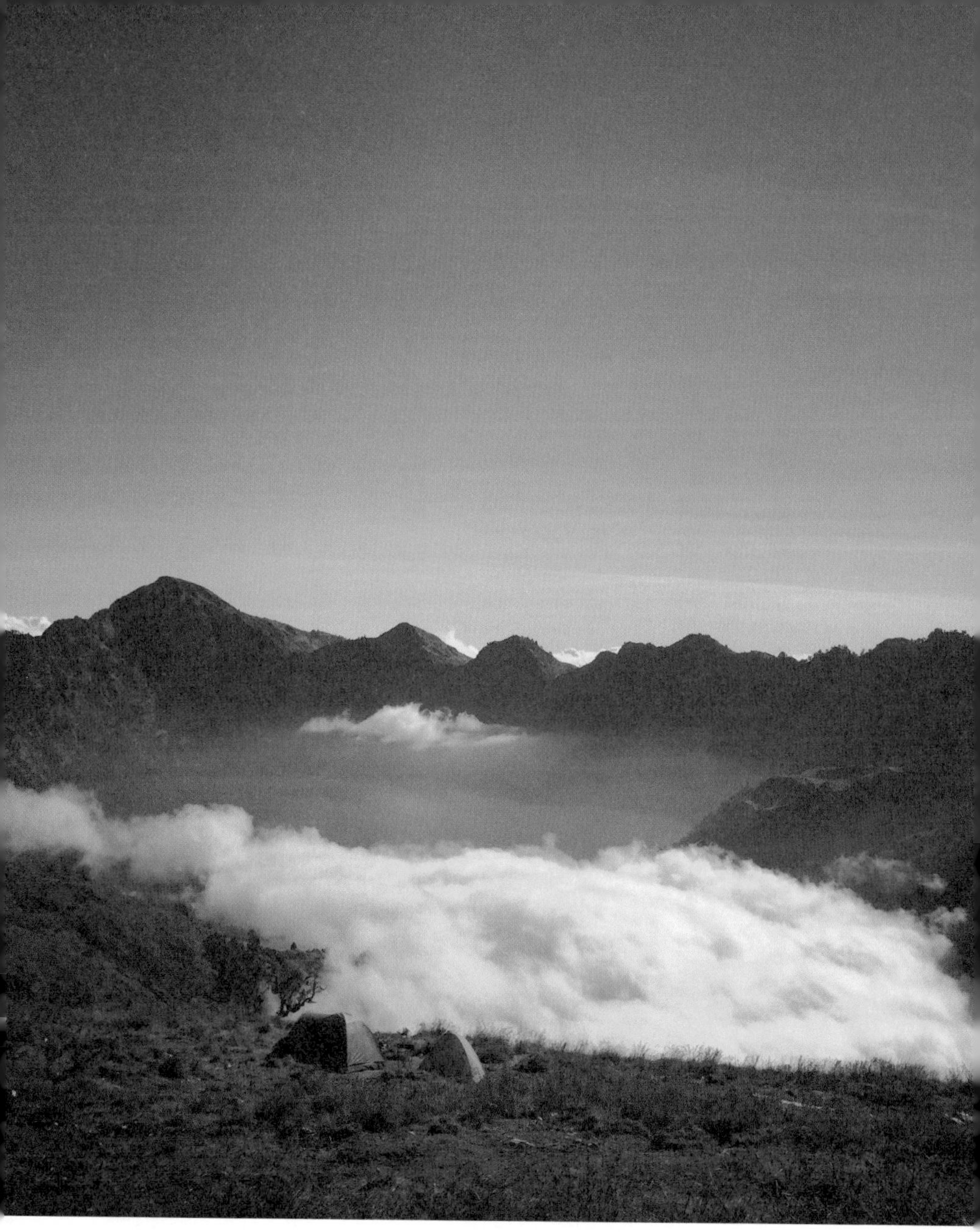

火山之巔的露營

「妳的兩個朋友呢?」我問。「不知道。導遊派兩個挑夫去找她們了。」她回並把礦泉水倒在黑烏烏的手上洗了洗後，又把水往臉上潑。我跟她說先前我們有去一個有著極小水流的地方洗了臉跟補充飲用水。她說她也想要去，我勸她不要，畢竟水源的地方還要往下爬一段路，路況也不好走，且天又黑了，還是別去了吧。Stella 於是作算，叫我給她到點水讓她洗把臉。又過了相當長的一段時間，另外兩個印尼女孩總算跌跌撞撞地出現在營地旁。一坐進帳篷裡，其中一個印尼女孩再也忍不住，放聲大哭了起來。「嘿，還好嗎?沒事的，妳已經爬上來了。這是件值得驕傲的事情。」我對哭泣的印尼女孩說。「以後就算有人付錢給我，我也不會再來了。」

林賈尼火山對於這三位完全沒有徒步經驗，又明顯不是戶外運動愛好者的印尼女孩來說，也許真的是個錯誤的選擇。哭泣的印尼女孩說她肚子餓了，我把剩下的幾個餅乾先拿給她。開飯前，我們靜靜地在帳篷裡休息。在我半睡半醒之際，Stella 把我叫起來，說是吃飯了。嚮導貼心地把飯送到每頂帳篷的門口，送完飯後再傳遞熱茶。林賈尼火山上的夜晚溫度下降得極快，帳篷沿著山脊的稜線搭蓋，四周一片空曠，完全沒有可遮蔽之處，入夜後所升起的冷風迎面而來，把帳篷的外帳吹得啪啦作響。

有一件事情自從早上離開 Senaru 的旅館起，時不時就在我腦海裡跑出來，那就是上廁所。人的潛能果真無限，或者說忍耐能力非一般，從離開旅館到爬上林賈尼火山第一晚過夜的稜線這中間超過十小時的過程，我竟然一次洗手間都沒去過。且不僅是我，幾乎整隊的人都如此。是否路上我們所喝掉的那一瓶又一瓶的水跟茶都被陽光所蒸發掉了？吃完晚餐，我認為已經到了忍耐的極限。就問嚮導，廁所在哪裡？果真就如在Kuta Lombok的德國室友所說的一般，嚮導說沒有廁所，叫我自己想辦法。

無處不是廁所，其實並不正確。稜線之上，還是有固定上的廁所。林賈尼火山上的廁所分兩種，固定跟非固定。林賈尼火山上的固定廁所有兩個，一個是位於有著涓涓細流的山泉之處旁，那是兩間用水泥搭建的圍牆，無門無瓦，從外面就能看到裡面堆滿了戰績。到那裡洗臉時，我幾乎就要踏進去，想說快要忍不住了，但那時我對嚮導會搭蓋非固定式廁所仍抱著一線希望，因而忍住。非固定式廁所，就是各登山隊伍自己用帆布把四面圍起約一人高，僅能容一人勉強進去的臨時廁所。想當然爾，就是在自己的營地附近找個地方圍起來便成。從我們的帳篷前可以清楚地看到別隊的帳篷的一切活動，當然包含了他們如何搭建廁所與如何進去廁所等等。臨時廁所的好處是，至少你不用面對前人所留下的豐功偉業。但直到吃完飯，我們的嚮導還是沒有準備廁所之意。實在沒辦法，我只好去了山上另一個僅有三面半人高水泥牆的固定式廁所。漆黑的夜晚，要如何避開前人的痕跡進而留下自己的是一大挑戰。活到目前為止，同樣的時間內，廁所跑得最少的，莫過於火山的這兩天一夜了。

晚飯過後，嚮導告知若想攻頂看日出，需要凌晨兩點半左右起床，三點開始出發攀登上林賈尼火山的最終路段。嚮導特別提醒，太累的人可以不用參加沒關係，留在帳篷睡覺便好。睡覺前，經過確認，除了三個印尼女孩之外，其他人都要攻頂看日出。火山的夜晚，Stella 跟我同一個帳篷，興許太累，她很快便熟睡。我則是一直在煎魚，左翻右翻中間來一下，但不管如何翻就是睡不著，太冷了。嚮導發給我們的睡袋根本不夠暖，想說把頭靠得離睡袋近一些，整個身體縮起來，但一貼近睡袋，反而更清醒。那不知道已被多少如我們一般的背包客所使用過的睡袋，味道也不是普通的濃烈。

我們整個隊伍裡面，僅有波蘭情侶檔自己攜帶睡袋。一開始我對於他們這行為覺得有點多餘跟累贅。但在火山上的那晚，我只後悔自己沒想到要帶睡袋（連鞋子都沒有了，當然不可能出現睡袋）。波蘭情侶是我們整個隊伍裡面準備最周全的人，除了睡袋他們還穿了釘鞋（當然，也還是免不了滑倒）。他們會去到林賈尼火山並非偶然，乃是因為 Jacek 的經理先前曾到過林賈尼火山徒步，回去後向他大力推薦。這當中，想必也給了不少貼心的建議。Jacek 在航空相關領域工作，他以非常優惠的價格買到了從波蘭飛峇里島的機票。

聽著帳篷外狂風呼呼作響，翻了不知道幾次身後，陸續聽到四週開始有人起來活動的聲音。我滑開手機一看，不過才兩點，看來大家都迫不及待想要攻頂了。

林賈尼火山上的日落

凌晨半夜的火山攻頂

凌晨兩點半，當我們起床坐在帳篷前喝著熱茶，往林賈尼火山山頂的方向望去時，已經看到了不少點點燈火在山腰間緩緩移動，火山徒步的高潮，攻頂正等著我們。抵達Senaru那天，帶我們去瀑布的嚮導說，半夜起床在陽台上，往林賈尼火山的方向看過去，可以看到攻頂隊伍的蹤跡。那時我不慎理解，一直到自己要上場了才懂。

漆黑中往林賈尼火山制高點移動的人群，人手一支手電筒，隨著腳步的前進，光點也跟著向前，在僅有強風呼嚎的空曠山脊，十分好認，就像漆黑的夜空裡，飛機劃過天際時那一點移動的光。這光讓遠在他處的人都能夠輕易認出。從稜線到頂點是一段來回各三小時路程，嚮導告訴我們整個林賈尼火山徒步最難的一段就屬攻頂的這段路了。若以為爬上稜線的路況已經很糟，那麼看到了攻頂的路後，假如那也可以稱之為路的話，就再也不會有那樣的想法了。通往林賈尼火山頂點的路，與其稱之為路，不如說那是一段被人硬踏過彷如土石流般的山坡斷面。抵達稜線後，趁天黑前我曾試著找出通往山頂的路線，但不論我怎麼看，就是找不到任何像是路的東西往山上延伸。因此，一直到我們真正出發去攻頂前，對於是否有路通往山頂還我都還存著很大的疑問。

吃過簡單的早餐後，我們跟著嚮導正式出發攻頂。半夜的林賈尼火山比西澳冬天最冷的時刻還冷，大家無不把最保暖的衣物、手套跟帽子等全部都穿戴上。攻頂的路程，一開始就得手腳並用。由泥土跟糖果般大小礫石所組成的崎嶇小徑，一腳踩下去，幾乎淹沒鞋面，唯有緊抓住光禿的低矮樹枝，才能繼續向前。在一片漆黑當中，一個稍不留意，波蘭情侶檔滑倒了。

跟著前人的腳步，我們的隊伍爬了約三十分鐘左右就開始出現脫隊的現象，一組一組接著落後，最後已經弄不清楚誰在前，誰墊後了。勉強捉住一兩個隊友，吃力地跟上他們腳步，埋頭硬走，中間累了就停個一兩分鐘，讓後來的人先過，幾次之後，當我意識過來時，我的隊友已經全部消失在視線範圍之內了。跟著其他隊伍的人，好不容易走到半山腰，強風卻在那裡成了所有攻頂旅人的勁敵。後半段的攻頂路線是直線上升的坡面，兩旁都是斷崖，路面盡是光禿的碎石所組成。風在海拔近四千公尺的曠野之中，把旅人的衣服吹得呼呼作響，同時也讓旅人的腳步越發沉重，到了那時候，累並不是最痛苦的感受，冷，難以想像的冷，才是讓人咒罵連連的主因。

攻頂的隊伍，可分為兩大群，印尼人與外來者。在漆黑之中要區分這兩個團體十分容易。印尼人通常傾向早早出發，緩緩前進，累了就先休息再說，風太強，太冷時，他們也不急著硬是攻頂，而是先找顆巨石擋風，保暖為先。外來者（來自世界各地的背包客們）通常好強愛逞勇，大多以彷如被鬼追趕的速度往山頂狂奔。他們走得那樣快，並不是因為時間來不及，而是為了證明自己很厲害，攻個火山頂算什麼。但來到了中途，在高山強風的威力下，所有的人無不慢下了腳步。

離林賈尼火山山巔還有一個小時的路程左右，我的身體開始出現了極度的不適。這輩子以來，我從來沒有被冷成那樣，全身不斷地發抖，身體左右搖晃，每踏出一步都伴隨著滑倒的風險。那時我想，也許自己真的會冷死在林賈尼火山攻頂的中途也說不定。人是一種奇怪的動物，身體上遇到越痛苦的情況，腦袋反而越發清醒。以極為緩慢的速度移動的同時，我想了許多事，北京男孩、Mirco、前男友，家人、朋友，旅行、開青旅等等，幾乎是把遇過的人跟想做卻還沒做的事都跑了一輪，說那是人生的跑馬燈，也不是不行。總而言之，一個接一個的畫面跟念頭接連閃過後，一股怒氣頓時湧起：「幹！我不想這樣就結束呀！我人生還有很多還沒體驗，哪能在這裡投降。」但前顧後盼，發現視線範圍之內竟都沒有其他人了！僅一片漆黑。前無古人，後無來者。念天地之悠悠，獨愴然而涕下。那時那刻，我想唯有《登幽州台歌》這首唐詩能夠確切地描繪我的心境了。

又走了不知道多久，遠遠地就看到幾顆大石頭下，有幾具彷如屍體般一動也不動的人體躺在石頭的背風處。就好像看到了救星般，我三七不管二十一，硬是擠了進去。雙手抱著膝蓋，低著頭，持續不斷地發抖。原來還活著彷如屍體般的軀體動了動，稍稍挪一下位置，讓我可以躲進更裡面一點。林賈尼火山攻頂的路上，很多巨石下都躺著爬累了或躲風的印尼人。若是幾個人一起還好，但有時突然在一個轉彎或是一顆石頭的後面出現一個包得跟木乃伊一樣，一動也不動地躺在地上的人時，都會忍不住令人猜想：不知道他是否還活著？在一群完全不認識，也看不清臉孔的當地人之中休息了一陣子後，我繼續往山頂的方向前進。但撐不了多久，又開始找尋可以躲藏的石頭。殊不知，竟然好長一段路都沒有藏身之處。於是我跟自己說，等我找到下一個可以避風的點時，就再也不要往前走了。

終於，遠方又出現了幾個坐在巨石下的人。我二話不說，就自動擠了進去。這裡就好，我跟自己說。我要在那等到日出，攻頂我放棄了。不久，一個帶著兩個外國人的嚮導停在我面前，問怎麼了。我說冷，非常冷。他叫我努力搓自己的四肢，又給了我一條巧克力。

「妳一定要繼續往前走。走比停下還好。相信我。」

「真的嗎？繼續走真的比較好嗎？」

「真的。」

嚮導靠我非常近，我像一顆球一樣縮成一團。嚮導跟他的兩個隊員說，他們先往上走沒關係，他之後再快速追上他們，晚點見。嚮導靠我越來越近，最後根本是抱住了我。起初我想，冷到這種快沒命的境界，抱一下也沒關係，活著要緊。且還有什麼比那樣更能保暖。但隨著時間的過去，越來越不對勁，嚮導開始親起我的臉頰來，我頭越來越低，希望可以避開。但最後實在無法了，我於是起身說：「我決定繼續向前了。」怎麼也想不到最後竟是因為有人在我快冷死時想趁機偷吃我豆腐，讓我不得不繼續往山頂爬。抬起沉重的腳步往前時，我忍不住在心裡大罵：「幹！我到底來這裡做什麼？」罵歸罵，路還是要走，山也還是要爬。又繼續走了不知道多久（已經無法估算時間。），又來到了一個山坡前，看到一大群人躺在睡袋下，躲風。我照樣不請自來，直接加入他們。

那次，總算遇到對的人了，他們掀開睡袋的一角，讓我躲進去。旁邊的外國女生見我冷，不斷地幫我搓揉肩膀。他們同樣也是一群我一個都不認識的人，或許是秉著同是天涯淪落人的心情，十分體貼地照顧了我這落單的陌生人。很快地，我們就成了一個團體。後來又有兩個人加入我的旁邊，我們也是盡量拉出一個遮風的角落給他們披蓋。大家決定就靜靜地躺著等待日出。

「聽說天亮後，風就會減緩了。」

「這麼強的風，連嚮導都不想攻頂了。」

「為什麼沒人先告訴我們，山頂的風這麼強，這麼冷！」

大家你一言我一語地打發時間，時不時問候左右邊的人，是否一切安好。身體沒有抖得那麼厲害後，當我意識到我又逃過了一劫時，心裡湧起了無限的感激。謝謝大家，對我伸出援手。

當一顆像紅寶石般的圓球從我們正前方的雲海之中升起時，我再也隱藏不住心中的喜悅，那可是死裡逃生才看得見的日出呀！大家連忙拿出手機跟相機紀錄眼前這火山之巔的日出。我的手機早已沒電，決定用雙眼牢牢記住便好。九死一生後才看到的日出，紅的很不真實，圓得讓人找不到形容詞。太陽露臉後，興許是溫度上升，或許又如嚮導所說的，天亮後，風就慢慢停了。我們確實沒有感到那麼冷了。看完日出，隊伍中有人決定要繼續未完的攻頂，有人決定直接下山。當大家決定來個紀念性的合照時，我才發現原來波蘭情侶也在其中，幫我們逃過一劫的睡袋原來就是他們帶上去的。睡袋，毫無疑問地，是攀登林賈尼火山最好的配備之一。令我意外的是，他們竟然想到連攻頂也要帶著它。可見有聽取建議後再到林賈尼火山的人果真不同，乃有備而來者。除了波蘭情侶跟我，其他人都決定要完成攻頂。

我認為已經看完日出，加上狀況不佳，已沒有攻頂的必要，何況下山吃過早餐後，我還得從營地爬到山腳，也就是說一天得爬超過十小時的路程。波蘭情侶的想法跟我相似，加上我們本來就同屬一個隊伍，於是便決定一同下山。老實說，攻頂的路程並沒有累到無法忍受，是那盤據在山頂的風才是真正厲害的角色。從山頂下山回到營地的半路上，先前不知道消失到哪裡去的我們隊的嚮導，竟然半路殺出來，攔截了我們，說來包餅乾補充一下體力吧（不覺得你也出現得太晚了嗎？親愛的嚮導！）。回到營地，三個印尼女孩早已起床，一掃前天的灰頭土臉，打扮得好好的，瘋狂地拍起了照來。令我意外的是，我們整個隊伍中竟然沒有攻頂成功者，波蘭情侶跟我是堅持到最後的人。前一天表現勇健的德國情侶跟法國情侶，都半路率先折返。

林賈尼火山，再見

回到稜線的露營點後，心裡被一種彷如已完成了一半的下山路線外加死裡逃生的輕鬆心情圍繞著，輕飄飄。實際的情況卻是，下山根本還沒開始。早餐期間，波蘭情侶問我接下的行程，我說只報名了兩天一夜的徒步，吃完早餐後就下山。波蘭情侶說他們認為火山已經體驗得差不多了，雖報名了三天兩夜的行程，但想提早下山，問不知道是否可以跟我一起同行。我請他們去跟嚮導確認。嚮導的回覆是沒問題。於是波蘭情侶檔、我、三個印尼女孩還有法國夫妻檔（想不到也是兩天一夜）跟著兩個挑夫於早餐過後，就開始了無限的下坡回程。

攻頂回來後，我慶幸自己只報名了兩天一夜的行程。就像賣行程給我的那位從台灣賺到錢回 Kuta Lombok 買車的人所說的一樣，兩天的行程跟三天的差別不大，基本上該看的、該做的都有了。三天行程與兩天最大的不同是，第二天攻頂回到營地後，會下到火山湖附近，在那裡露營一晚並且有機會享受溫泉。在火山湖附近露營是一個十分吸引人的點，但考慮到上廁所的不便與及身上的泥巴已經厚到擦也擦不掉的程度，我認為還是下山最好。經過調查，我發現爬三天兩夜的費用與兩天一夜其實非常接近。

我們的林賈尼火山下山隊伍

有過了上山時吃足苦頭的經驗後，三個印尼女生說什麼也不肯再自己背行李，三人把沉重的背包丟給了挑夫後，一擺上山時積弱不振的形象，下山的前半段路完全跟得上我們的腳步。相較起上山，下山實在輕鬆太多了。下山過程當中最過癮的莫過於看到正在往上爬的人了，就如前一天我們上山時那些幫我們加油打氣的下山人一樣，我們也一路幫相遇的上山者加油。法國夫妻檔說得沒錯，輪到我們從山頂下來時，與前人一樣我們也有著一種已突破某個關卡的成就感。臉上儘管不是故意，但還是無意中透露出一股自豪感。不過有件事下山跟上山是一樣的，那就是滑倒。印尼女孩 Stella 滑倒的次數實在太多，最後遇到很陡的泥坡時，乾脆放棄用走的，直接一屁股坐在地上，用雙手支撐著，滑下山。其他人看到她的舉動無不露出驚訝的神情。我對於她這麼做十分佩服，畢竟她先前最顧慮的就是形象，不過看來，火山的第二日，她已豁出去。

中午時，挑夫們選了個乾枯的河邊高地煮飯。等待午餐的期間，突然一聲巨響劃破了河谷。那是從另一個上山隊伍的休息處所發出。爆響後不久，陸續見幾個歐美旅客從河谷走出，上到橋上來。那是一群法國旅客，法國夫妻檔隔空向對方詢問發生了什麼事？原來，對方挑夫煮飯用的卡司爐疑似有爆炸的風險。大家等了一陣子，所幸沒發生任何事。「看，他們竟然有椅子，還穿著白色的襯衫。這些人知道他們到底是來幹嘛嗎？」法國夫妻檔一閒下來後，立馬說出他們觀察到的不可思議之處。其實那並非我第一次看到攀登林賈尼火山的隊伍出現椅子，去程跟回程的途中都看過好幾次。跟法國夫妻檔一樣，我對於要提供椅子的隊伍也絲毫沒有好感。林賈尼火山上下的路程都十分不容易，挑夫們要負責整個隊伍的吃喝、住等物品的搬運，那對僅穿著拖鞋爬山的他們來說是一件負擔極為沉重的工作。

挑夫有年齡與體力的要求，年紀過大無法勝任的挑夫，很多變會轉成嚮導（我們的嚮導曾經就是挑夫）。嚮導也不是個多輕鬆的工作，嚮導的背包是整個隊伍裡面最大最重的一個，裝著各種主食外的補給品，如餅乾、藥品等。一個穿著體面的年輕歐美男子背著一個巨大的背包出現在橫跨河谷的橋上，不久他的嚮導也背著差不多大的背包出現。我們認為他應該是沒有請挑夫，不然不會自己背那麼大包。那年輕男子本想在橋下找個地方休息吃飯，但下到河谷稍微探望後，回到橋上與嚮導討論，疑似取消了那主意。兩人在橋上稍微休息補充水分後，又繼續上路。我們一致認為，他最後肯定會想，早知道就請一位挑夫了。大家在心裡默默地替那兩人加油。背著那樣沉重的背包，可不是開玩笑。

攀登林賈尼火山的隊伍就像先前說的主要分為兩大群，印尼人與外國旅客。基本上外國旅客都是參加行程，大部份都會配備挑夫。少部分的印尼登山團也會搭配挑夫，但年輕熱血的印尼男孩們，更常傾向自己背一切物品上山。下山途中看到他們身上的巨大背包，與紅通通的臉，不禁為他們捏一把冷汗。還有一件事，下山途中我們感到十分納悶。那就是怎麼都過中午了，還有隊伍才剛準備出發。且看他們一開始就一副十分疲憊的情況，我們懷疑他們是否能夠在天黑前抵達稜線。

下山的午餐是 Mi Goreng（泡麵炒麵）。一拿到午餐，三個印尼女孩立馬關心是否有辣椒醬。拿到辣醬開心地往自己的盤裡加了一堆後，她們一一詢問我們是否要加辣椒。

大家也就順勢討論起各國飲食習慣的不同來。

「沒有辣椒醬就無法下飯。」

「就像在歐美沒有番茄醬就不行一樣。」

「但辣椒放過多，除了辣味什麼也吃不出來。」

「台灣的食物辣嗎？」

「普通。台灣有一種鴛鴦火鍋，一半辣，一半不辣，設計十分人性，可以同時滿足吃辣跟不吃辣的人。」

「什麼是火鍋？」

「就是把湯頭煮好後，邊煮邊放入各種自己喜歡的食材。」

「啊！法國也有類似的東西。」

「時常聽到中華料理跟法國料理有很多共通點，如無所不吃。」

「在法國，若一道料理煮好後，客人要求加番茄醬，廚師知道了會不開心。因為那代表料理得不好。」

午餐過後，大家重新上路。比起上半段的下山，後半段的下山路途，波蘭情侶組跟三個印尼女孩明顯地出現了體力下降的趨勢。後來以法國夫妻檔、我跟一位挑夫走在前，波蘭情侶居中，三個印尼女孩墊後的隊形，我們急速地往山下走。之所以如此匆促，主要的原因是，回到 Senaru 後，我們有些人還要去 Bangsal 港口搭船去吉利群島，大家都不希望錯過船班。剩下約三分之一的路程時，法國夫妻檔的女孩乾脆把鞋子脫掉，掛在包包上，穿著襪子直接踏在泥土上。

「為什麼要脫掉鞋子？」

「那樣反而比較好走，且腳也比較不痛。妳試試。」

「老實說，我的腳指頭早已痛到不行。讓我也來試試。」

脫掉鞋子後，我發現僅穿襪子走有兩個好處，一是腳指頭不用因為不斷地下坡而一直頂到鞋頂而發痛。二是穿襪子走路反而沒有穿鞋子滑，比較不容易跌倒。路過我們的上山隊伍，看到我們兩個僅穿著襪子走路，無不露出吃驚的表情。有人甚至還特意關心我們的狀況，問我們還好嗎？

下到山腳前的兩次休息，使得法國夫妻檔對三個印尼女孩的好感全都不見了。倒數第二次休息時，其中一個印尼女孩叫挑夫停下來，說她要拿東西。她拿了一雙拖鞋跟濕紙巾等。後來走了不久又說要喝水，因此又特別叫挑夫停下來給她們水喝。三個印尼女孩，回程時不僅是把背包讓挑夫背而已，而是把所有的一切都託付給了挑夫，連自己隨時要喝的水也是。她們真的是空手走路。最後一次休息，法國夫妻檔、我與波蘭情侶都在一個山腳下有賣水跟飲料的小亭子前休息。波蘭情侶檔給了挑夫小費，我不知道要怎麼做，就買了水給他們。賣飲料的老闆說他年輕時就是挑夫，挑夫不喜歡水，他們喜歡甜的飲料。我回他不早講，我買都買了，汽水以後有機會再買吧。

「林賈尼火山我爬過了超過百次！我當了挑夫十幾年，每兩個禮拜就上去一次。」攤販老闆說。聽到這數字，我們下巴都快掉了出來！上百次！「挑夫是一項非常勞累的工作，現在做不來囉。僅能做做小生意。」我問了飲料攤販老闆，挑夫的薪水如何？老闆說了一個數字，確切是多少我忘了？隱約記得一趟大概跟我兩天一夜的火山行程費用差不多。「這薪水，在這裡應該是相當不錯的收入。」法國夫妻檔的女孩說。最後一次休息，就在我們想那三個印尼女孩不知道人還在哪裡時？一台機車竟然載著其中一個印尼女孩呼嘯而過！這場景讓我看得目瞪口呆，整個人都愣住。

抵達最後休息處前的某路口處，有幾位旁邊有機車的當地人，看到我們便問要不要搭車，說是我們離山腳還有幾公里遠。我們一一拒絕了，心想都走到那裡了，哪還有坐機車的道理。可我們隊上的三個印尼女孩竟然選擇搭了機車！「她們上山時就已經搭過一次了。」法國夫妻檔的女孩說。我說我還真的不知道，原來三個印尼女孩上山的一開始就已經依賴機車。休息夠後，我們踏上了最後一段路。殊不知就在剩不到十分鐘就到出口的馬路時，竟看到一位機車騎士載著其中一個印尼女孩回返。那印尼女孩叫挑夫停下來，似乎要拿某個物品。「賤人！等個一下是會死嗎，也不過一下，我們就到了。」法國夫妻檔的女孩再也受不了印尼女孩們對挑夫的態度了。路上一而再，再而三隨意地讓挑夫停下來，打亂他們走路的節奏，為了也不過是拿餅乾、喝水、拖鞋等自己應該解決的物品。三個印尼女孩，最後讓我們對她們的行為出現了厭惡的情緒。

上山前已經把不知道多少物品留在 Senaru 客棧的印尼女孩，她們上山的行李之所以重，一是她們以為挑夫會幫她們背。第一天上到露營點後，三人接連說回去一定要去客訴。「他們先前明明說，會幫我們背行李！可是最後卻沒有，我們要自己拿那麼重的背包，怎麼爬山。我還付了那麼多錢！」二是，三個女孩可能誤以為爬火山如同去某個小郊區的山丘露營一般，帶了厚底拖鞋、化妝品、雨傘與及一堆用不到的衣物等。到了出口，載我們回去 Senaru 的車子已經到。根據去程的推測三個印尼女孩肯定會想坐副駕，於是我們其他人自動自發地爬上了後車廂載貨的地方，找個角落各自安座下來，啟程回 Senaru，結束這兩天一夜的火山之旅。林賈尼火山徒步雖然很難，但只要有毅力任何人都可以完成。嚮導說曾經有七十歲的老先生走完全程。

「他走很慢，很慢，但一點一點的，他就走到了山上。每個人都可以做到。」

Chapter 05 吉利群島

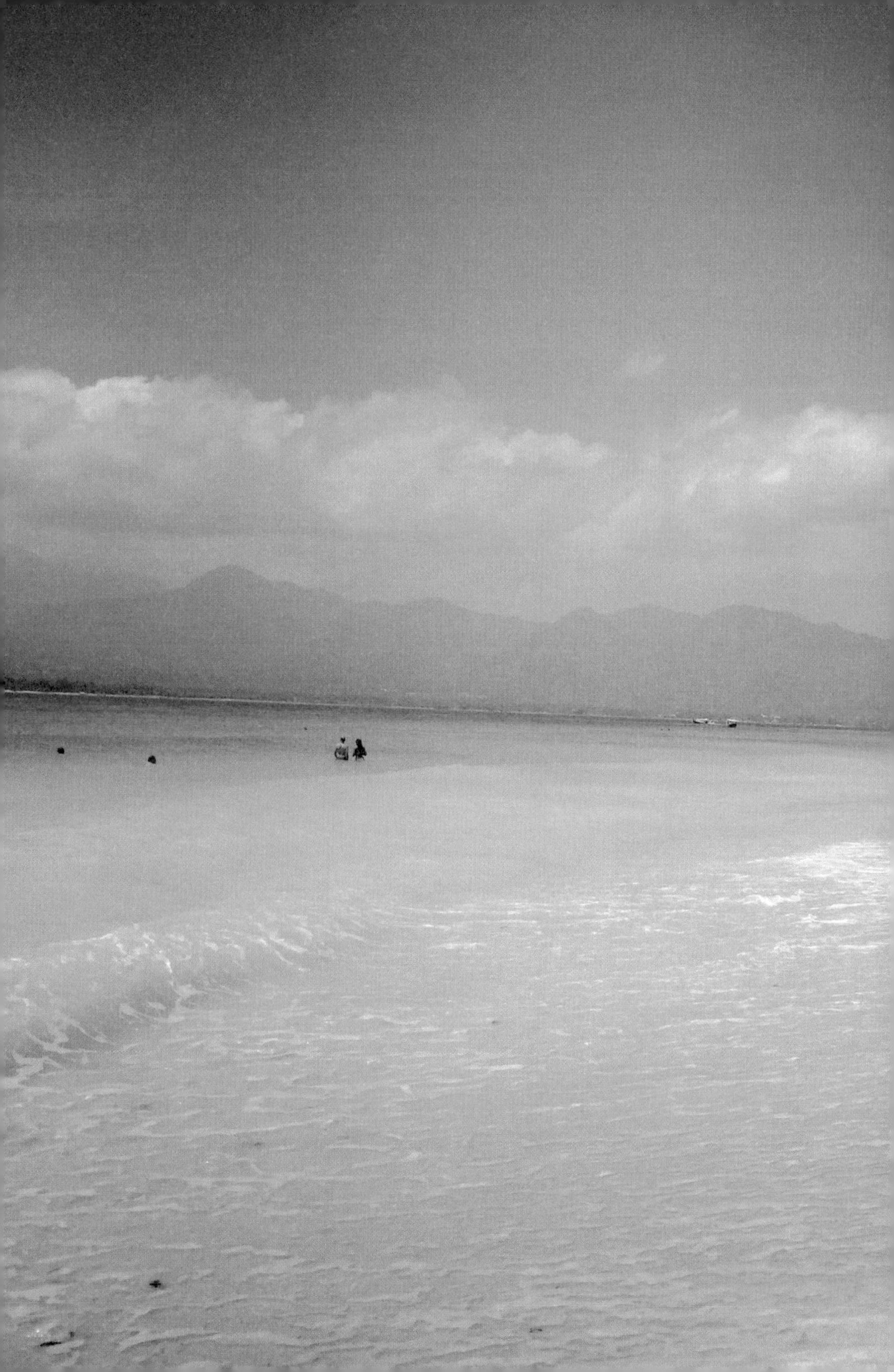

天堂般的小島，Gili Air

在峇里島與龍目島之間的海洋上，由三個小島組成的吉利群島（Gili Islands）有著現代人對於度假天堂所能想像的一切，或者還更多。土耳其藍的透明海水、雪白的沙灘、熱帶風情的椰子樹加上完全沒有車子呼嘯的寧靜，毫無疑問地這介於過度喧鬧的峇里島與異常安靜的龍目島之間的三個天堂小島，成了旅人的避難之地。吉利群島三個小島分別為開發最多也最熱鬧的 Gili Trawangan（簡稱 Gili T），最安靜以度蜜月著稱的 Gili Meno 與及介於前兩者之間最具當地特色的 Gili Air。

旅途中常有些意料之外的事讓人有超乎預期的收穫，我本來打算去 Gili Meno，最後卻無意中去到了 Gili Air 便是如此。從林賈尼火山回到 Senaru 的旅館時，開往 Bangsal 港口的車子已經在門口等著我們了。拿上背包，上了趟洗手間與還回去借來的布鞋，匆忙間就著整身從火山帶下來的塵土，我們馬上又開始邁向下一趟旅程，吉利群島。

吉利群島隸屬龍目島底下，那裡的居民也是穆斯林。從峇里島有快艇可抵達，那也是大多旅客會選擇的交通方式。但少數背包客，願意選擇先搭慢船到龍目島的 Lembar 港

GILI AIR 上可以輕易地看到龍目島

口，再從那轉車到 Bangsal 改搭當地居民往來於吉利群島與龍目島的小船。跟搭快艇相比，搭慢船會多花超過一倍以上的時間。有人肯定想問為什麼有人願意繞那麼一大圈？我說，若時間許可，我也會那樣做。搭快艇的僅有遊客，但搭慢船跟小船的多是當地人。搭乘當地人使用的交通工具，是旅行中了解當地生活不可錯過的一個機會。當然，對背包客來說還有另一個極具吸引力的點那就是省錢。

波蘭情侶跟我一起坐上了去 Bangsal 港口的車，他們下一站要去 Gili T，也就是所謂的派對島，吉利群島中最大、最熱鬧的那個。波蘭情侶外，還有兩位女生與一個男生跟我們同車。他們一樣也

中午休息的工人

剛從火山上下來，都全身髒兮兮，疲勞不已。抵達 Bangsal 碼頭後，司機先幫兩個不認識的同車女生找了間入住的旅館，才帶我們去搭船。兩個女生找旅館時，司機問她們有什麼特別的要求？她們回熱水澡、網路與乾淨。那同時也是我們其他人一致的渴望。或者說那是從火山下來的人共同的渴望。

林賈尼火山徒步的套裝行程包含了去吉利群島的船票。司機詢問我們各自要去哪裡時，波蘭情侶說 Gili T，另一位同車的男生說 Gili Air，我回 Gili Meno。司機問我可不可以去改去 Gili Air？我說可我想去的是 Gili Meno。司機說問題是由於時間太晚，已經沒有船去 Gili Meno 了，去 Gili Meno 的船一天就兩班，目前僅剩去 Gili T 跟 Gili Air 的船班而已。我告訴司機不然就去 Gili Air 吧。我問他之後我若想去 Gili Meno 再從 Gili Air 去也是可以的，對吧？他說兩個島的距離很近，才十幾分鐘的船程，當然沒問題。

就那樣我們四人分兩組，波蘭情侶去 Gili T，我跟那不認識的男生去 Gili Air。由於去兩個島的出發時間不同，等船的地點也不同。來不及說再見，我就跟有革命情誼的波蘭情侶檔分開了。我跟一起去 Gili Air 的男生先在司機指定的咖啡店等了一陣子後被一位當地年輕人帶到碼頭。到了碼頭又再等了一下才上船。原來我們搭的是當天最後的一班船，要等人夠了船才會開。去 Gili Air 的小船停靠在離岸邊還有一小段距離的水面上，就是說旅人需要涉水才能上船。對於全身已經髒到無可救藥的我來說，遇到那種情況我已經連捲起褲管都懶了，直接踩到海水裡去，小心地避開船的螺旋槳，雙手扶著船身，踏上隨著浪潮搖搖晃晃的小船。跟我一起搭船的德國男生叫 Eric，他也剛完成林賈尼火山徒步，正準備要去 Gili Air 跟女友會合。我問 Eric 有沒有攻頂，他說有。我告訴他我們隊全部陣亡，沒人攻頂成功，他說他們隊有兩個，他是其中之一。

上船後，我跟 Eric 走至船頭，在一個佔了船大半空間的傢俱旁坐了下來。船開始航向 Gili Air 不久，一輪又大又圓的夕陽凌空漂浮在面向 Gili Air 左邊的海面上，讓一切顯得非常不真實。隨著船速的加快，海浪時不時灑進低矮的船艙內。我問 Eric 他在 Gili Air 有住宿的地方了沒？他說由於女朋友比他先一個禮拜去 Gili Air 等他，住宿的地方她已找好。我說我還沒有訂 Gili Air 的住宿，想打聽一下哪裡有便宜的青年旅館？Eric 說那問他女朋友準沒錯。原來他女朋友之前為了找到便宜的住宿，早已踏遍了 Gili Air 的每個角落。Eric 補充說在碼頭附近好像有幾家便宜的選擇，他等我們到了島上後再幫我問問。Eric 跟女朋友在一起六年了，當問到他們是否有結婚的打算時，他說結不結婚對他們來說沒有差別，結婚不過就是多了一張紙與省一點稅罷了。我想確實沒錯。Gili Air 是吉利群島中離龍目島最近的一個小島，不久我們就抵達了 Gili Air 那用法文寫著 Bienvenue（歡迎）的碼頭。我開玩笑地說那歡迎應該要改成德文才是，我路上遇到的德國人實在太多了。

GILI AIR 繁忙的碼頭

一下了船，Eric 的女友 Jenny 立馬衝向前給他一個大大的擁抱。幾天未見的兩人，像分開了幾世紀似的，緊緊相擁，所謂的小別勝新婚應該就是那樣吧。Eric 介紹 Jenny 給我認識，同時也跟她說明了我急需找住宿。一提到找便宜的住宿，熱情又溫柔的 Jenny 立刻一副心有戚戚焉地說，跟著她就對了。她說 Gili Air 繞島走一圈也不過九十分鐘，但抵達 Gili Air 的第一天她整整走了三個多小時才找到理想的住宿地點。她建議我們邊走邊聊，她說一定要跟我們分享一下 Gili Air 瘋狂的住宿情況，當然她也要聽我們的火山徒步故事。跟隨著 Eric 與 Jenny 的腳步，我的 Gili Air 之旅正式啟動。就如我先前所說，這趟旅程一路上都是德國人，Eric、Jenny、Anika、Kuta Lombok 的室友、Ubud 的室友與路上遇到獨自旅行的年輕女孩，還有造就我峇里島後一切行程在 Perth 的室友 Jonas。與及許許多多數不清在路途之中僅擦肩而過的德國人。當我雙腳踏上 Gili Air 的沙灘時，我以為一路上我所遇到的德國人已經夠多了，殊不知，等待在前方的還有遠超乎我想像的各種德國人。

Begadan Backpackers

Jenny 帶我們穿梭在通往 Begadan Backpackers 迷宮般的泥土小路上時，邊告訴我們她在島上幾天所發生的事情。Begadan Backpackers 位於與港口相反的另一面。「關於找旅館最誇張的就是，有人走了五小時都還找不到住宿的地方。」Jenny 一副至今仍不可置信的樣子。五小時！剛從火山下來，若讓我再走五小時去找旅館，且還不一定找得到，不如讓我死一死算了。

「這裡就是這麼誇張，繞一圈小島只要九十分鐘，但你卻可能走了好幾個小時都找不到一個落腳的地方。背包客的選擇不多，這裡的旅館幾乎都是昂貴的 Villa 或 Bungalow，背包客根本負擔不起。最後真的找不到住宿的地方時，有人會選擇去睡沙灘。老實說，當初我也把沙灘列為備選。睡沙灘其實並不差，這裡的沙灘有很多沙灘床，晚上沒人時睡在那裡也還可以。」我暗暗希望 Jenny 住的旅館有空床位，只要一張就好了。Jenny 安慰我說知道 Begadan Backpackers 的人不多，且它又位於島的另一側，加上她今天才剛從單人床換到雙人床，她換的那個床位應該還沒有賣出去。說完 Jenny 用雙指比出一個祈禱的手勢。

「不是說快到了，客棧在哪裡？」Eric已經迫不及待想要休息了。「就快到了，再一下下，很快就到。」Jenny溫柔地安撫。「靠邊！」Jenny突然出聲並把我們兩個拉到旁邊。待我反應過來，一輛馬車已跟我們擦肩而過。若非Jenny，我跟Eric可能早已被馬車撞上也說不定。望著踏著達達馬蹄聲遠去的馬車，我才想起之前曾在網路上讀到，吉利群島是三個僅有馬車，沒有汽機車的小島。Gili Air雖說是一個馬車無處不在，馬車靠近時鈴鐺聲一陣接一陣的小島，但因為當地人聰明地在馬屁股後面裝了一個袋子來接馬糞，近乎奇蹟似地島上所有的小路都保持得異常乾淨清爽。

Jenny說她剛到Gili Air的前一天，島上的主要勢力群闖入 Begadan Backpackers 的院子搗毀了他們所有的帳篷，並威脅來自英國的老闆 James 說，不可以在島上搭帳篷。但 Begadan Backpackers 最有名的就是它的帳篷，它在臉書上放的就是許多搭蓋在院子裡的帳篷的照片。可現今島上的當地勢力一下把 Begadan Backpackers 的帳篷弄壞，還警告他們不可以再搭帳篷給客人睡，使得 Begadan Backpackers 頓時陷入危機裡。

Jenny 說當她第一次走進 Begadan Backpackers 的院子時，所看到的正是因帳篷事件而束手無策，呈現一副低迷狀態的 James。「Begadan Backpackers 的帳篷內有很好的床墊，我跟 James 提議既然不能把床墊放在帳篷裡，為什麼不放在陽台上呢？把床墊搬到陽台再掛上蚊帳，不就好了。」Jenny 說當 James 聽到了她的主意時眼睛馬上一亮，立刻照做。於是最後，不但客人有地方睡，Begadan Backpackers 也不再跟島上的勢力有衝突。「噢！妳真聰明。那他們有給你免費住宿嗎？」Eric 問道。「這到沒有。雖然是我出的主意。不過 Begadan Backpackers 的住宿費很便宜，床位一晚十五萬印尼盾，床墊一晚十萬。」Jenny 說。

其實就是便宜的住宿費讓島上的勢力看 Begadan Backpackers 不慣，加上那又是一間由外人經營的旅館。本地人在島上多少早已有一些潛規則，像 Begadan Backpackers

那般突然殺出來，以帳篷那樣新穎的手法吸引想要省錢的背包客，他們不免看紅了眼，進而想辦法阻攔。與本地人利益關係的衝突，之後成了 Begadan Backpackers 主要的經營危機。Jenny 說 Begadan Backpackers 對面有一家好吃又便宜的餐廳，凡是到 Begadan Backpackers 住的人 James 都會推薦他們去那裡吃飯。她自己基本上也是天天都到那報到。

Begadan Backpackers 大到誇張的院子，施工這裡一處那裡一處，木造 Bungalow 有三棟，其中一棟的陽台兼接待櫃台。Begadan Backpackers 最豪華最引人注目的巨大建築，是它的浴室兼廁所。有完整床鋪跟冷氣並且有自己衛浴的就是陽台是接待櫃檯的那棟，亦即 Begadan Backpackers 的第一棟固定建築物。「這是一間很新的青年旅館。」Jenny 說。

接待我們的是另一個也叫 Eric 的法國人，他是老闆 James 的朋友，平時在泰國龜島教潛水，是一名潛水教練。一年中會有幾個月到 Gili Air 幫忙 James。Jenny 幫我問法國 Eric 有沒有床位，Eric 說應該還有一個。我大聲歡呼，感激幸運再次關照。Eric 先幫我介紹環境，說我住的那間多人房裡有熱水、冷氣跟自己的衛浴，床頭有自己的插座等。我一聽到熱水兩個字，眼睛都亮了，馬上回覆要入住。就那樣我住進了 Begadan Backpackers 最豪華的一間多人房，享受自踏上龍目島以來從未有過的熱水澡與冷氣。

儘管Begadan Backpackers的許多地方都在施工，但那仍是一個讓人驚豔不已的背包客棧。尤其是它那全部用竹子所搭蓋的衛浴，堪稱一流。把從火山上帶下來的塵土都清洗掉後，我才真正意識到林賈尼火山徒步的戰績有多豐盛。衣服很髒，髒到隨意一抖便塵土飛揚，我心裡是有底的。但鼻孔、耳內都黑得彷如木炭與頭髮上也因積滿了泥土梳都梳不開的情況多少還是讓人有些吃不消。洗完澡後，我發現兩腳上各有一個腳指甲因為連續下坡，一直頂撞到鞋頂而積滿了瘀血黑掉（回到澳洲後發現那兩個指甲都死掉並且脫落）。左腳大拇指關節處，也長了一顆大得誇張的水泡。

當我抵達Begadan Backpackers對面的餐廳準備吃晚餐時，Eric跟Jenny已經在那裡並點好了餐。我點了Jenny推薦的一道龍目島傳統蔬菜餐點，Eric與Jenny則是點了潛艇堡三明治。「這裡的三明治份量大，又好吃，我真的好愛！」Jenny感性地說著。她說的完全是事實，後來等我自己試過他們的三明治後，我也立刻愛上了它。當晚我吃的龍目島傳統蔬菜料理也十分不錯。Jenny叫我們快跟她說說我們的林賈尼火山冒險。她說Eric去爬火山時，她天天都走到海邊，試著找一個可以看得到林賈尼火山的地方，邊看著它邊想Eric正在做什麼？火山之行順不順利？一開始她去了好幾個沙灘都看不到林賈尼火山。直到後來問了當地人才總算去對了方向，看到了林賈尼火山。

「林賈尼火山很棒！若問會不會去第二次，我會說為什麼不？不過，有一個問題那就是垃圾很多，尤其是山頂上，垃圾滿天飛。」Eric 說。「完全正確，山頂的垃圾令人慘不忍睹。照這情形下去，沒多久這火山之巔將不堪入目。且最悲哀的是，不管你願不願意，你多少都會製造一點垃圾。如上廁所時。」我補充。「噢！這實在太令人傷心了。」Jenny 感嘆。

其實不僅是林賈尼火山，以前我去中國西南徒步時也遇過相似的情況。上山的路途與山頂都是滿滿的垃圾。垃圾是急需解決的問題。一些林賈尼火山徒步的嚮導看到垃圾會撿下山，但僅是那樣還是遠遠不夠。「你們有攻頂嗎？」Jenny 問。「我們隊有兩個，我是其中之一。」Eric 回。「我們隊一個都沒有，我距離頂點還有一個小時左右的路程就停下來了。」我說。「你們不是同一個隊伍？我一直以為你們同隊？」Jenny 顯得有些意外。「不，我們是來 Gili Air 的路上才認識的。」我說。晚餐就在那樣的談話當中持續進行著。Jenny 跟 Eric 的相處方式堪稱是模範情侶檔。Jenny 知道自己不是去爬火山的料，並不勉強自己去配合喜歡戶外運動的男友。比起硬是跟去火山，然後於中途抱怨或哭訴，她寧可選擇先到下一個目的地，找好住宿的地點，靜靜地等待男友的歸來。同時間，在島上她廣交新朋友，努力挖掘 Gili Air 的美。

我遇到 Jenny 與 Eric 時，他們在峇里島的簽證已經快要到期。峇里島是個要在當地加簽非常麻煩的地方。簡單來說就是它不怕你不去觀光，就怕你賴在那裡太久。我問他們 Gili Air 之後有何打算，他們回在考慮要不要去澳洲賺一點錢。我問是想去打工度假嗎？他們說不是，他們兩人都超過了三十歲，無法取得打工度假簽證，只是想去那裡做一陣子的黑工。得知我剛好就在澳洲打工度假後，他們問我工作好不好找？我說其實那很看運氣，像我找工作時一向都很順利，不過遲遲找不到工作的人也大有所在。我跟他們說，他們兩人英文極好，應當不難。可 Eric 說，畢竟英文不是他們的母語。我說英文也不是我的母語。背包客的工作還沒有要求你的英文要達到母語的程度。

澳洲打工度假的議題後來一度讓 Jenny 與 Eric 產生爭執。Jenny 比較大膽，認為可以去試試。做過 Bartender 的她，認為應該還是找得到工作。「不然連打掃我都願意做。」Jenny 強調。「我之前就做打掃，老實說打掃薪水算高，跟我同飯店的也有幾個德國人。」我說。不過 Eric 比較保守，害怕去澳洲後一個月都還找不到工作，而那裡的生活費又高，加上去澳洲的機票也是一筆錢，使得他很猶豫。後來有幾次遇到他，我看他一臉煩惱的樣子，問怎麼了，他回還不是跟 Jenny 因為去澳洲的事情談不攏。最後 Jenny 與 Eric 不知又從哪個德國人那裡聽到，澳洲的工作真的非常難找，叫他們千萬不要去後。他們就死心了，徹底放棄澳洲。我問那他們要改去哪裡？

他們說會先想辦法延期簽證，後回 Canggu 待一個月讓喜歡衝浪的 Eric 再享受一陣子衝浪，之後再回德國工作。「德國的薪水其實並不比澳洲差。」Eric 說。「那是你們的國家，也許對你們也比較容易。」我回。

為了省錢 Jenny 與 Eric 回峇里島時選擇的方式就是我先前說過的搭慢船。為了搭慢船，他們得先搭小船去 Bangasal，後搭車去 Lembar，再搭慢船回峇里島。這是一趟相當耗時的旅程，會花掉一整天，但對於想能省則省的人來說，那是最好的方法了。抵達 Gili Air 的第一晚，我的目標就僅是找到落腳處，好好洗個澡，吃頓飯，然後舒服地睡上一覺。基本上憑著不可思議的運氣，讓我邂逅了 Eric 與 Jenny 這對俊男美女檔的情侶後，我的要求竟都順利地完成了。

硬要說有什麼不好的就是，Begadan 多人房的冷氣開得太強了，而好死不好地，他們沒有提供任何被子與毯子，於是一整夜我就在冷氣的肆虐下，翻轉個不停。最後實在受不了，起來觀看同房的室友，發現大家都被冷得縮成一團，我決定要把溫度從十九度調成二十五度。就那樣，在 Gili Air 那個便宜住宿一床難求的小島上，我順利地卡到了位，開啟火山徒步後的修復之旅。

三人行不行

Gili Air 醒來的第一個早上，當我想去刷牙洗臉開始新的一天時，我發現問題大了，我處於舉步維艱的狀態。林賈尼火山徒步後我的雙腿正式開始跟我抗議，每走一步無處不痛。以慢轉電影畫面般的速度完成了起床所有必要的動作後，我決定那天只要做一件事情就好那就是什麼都不要做，哪也不去。以彷如踩著針海的奇異姿勢跟速度我努力走到 Begadan Backpackers 對面的那家 Warung，亦即前一晚 Jenny 說 James 都會推薦客人去吃的那間餐館吃完鬆餅後，我以同樣的龜度回到了客棧。當我終於在我住的那棟 Bungalow 的陽台，也就是兼具 Begadan Backpackers 接待櫃台的地方坐下來時，我覺得自己彷如完成了一件不得了的大事。之後，休想要我再移動一下。

法國潛水教練 Eric 剛好也在那裡顧櫃檯。雖說是青旅的櫃檯，那卻也不過是在陽台上擺了一組流理臺的櫃子當作指揮中心罷了。陽台的兩邊，Begadan Backpackers 的兩隻寵物，一隻叫做 Mr. Santai 的貓與一隻我忘了名字的 Luwa(麝香貓）如往常般各據一角，從事牠們最喜歡的活動，睡覺。說到 Begadan Backpackers 的兩隻寵物，不得不特別介紹一下 Mr. Santai。牠各種誇張的睡姿，早已成了青年旅館的主打招牌。大家都

BEGADAN BACKPACKERS 的看家貓咪 MR. SANTAI

說最會享受 Gili Air 的度假氛圍的莫過於 Mr.Santai 了。然而這隻奇特的貓卻是一隻不請自來的貓咪。James 起初並沒有想養牠，說從未想過要養寵物。但客人不斷拜託他養 Mr. Santai，他只好開始慢慢買一點食物給牠吃。一開始 James 都勉勉強強地應付 Mr. Santai，直到一天 Mr. Santai 展現出牠那誇張的睡姿後，James 才被收服，心甘情願地養這隻貓，並給牠取了名字。

Eric 問我要不要來一杯咖啡。我說想不到 Begadan Backpackers 有提供熱水澡，這讓我相當意外，簡直是一大驚喜。自踏上龍目島以來，那是我首次遇到有熱水澡的地方。他說熱水澡在 Gili Ari 確屬奢侈，可還有什麼比熱水澡更棒的事？我問 Eric 可知道島上的電力從哪來？他說不清楚，不過 Gili Air 很多東西都得從隔壁的龍目島進口，所以成本相當高。或許就連電力也是我想，因為後來我發現 Gili Air 上時不時會停電。

就在 Eric 準備沖咖啡給我喝時，突然間就來了幾個客人，於是他只好中斷泡咖啡先去處理客人的事。我把保羅．索魯的《暗星薩伐旅》拿出來翻閱，預計就靠它陪我度過整天了。不久一個年輕有型的男生在我對面坐下，打了招呼後我們就開始有一搭沒一搭地閒聊著。自從到了 Gili Air 後一切都變慢了，聊天也懶散，做什麼都不緩不急，我想那多少跟炎熱的天氣有關，一種夏日懶洋洋的氣氛佈滿了 Begadan Backpackers。

有型的年輕男生叫 Sven，來自德國，二十二歲，跟我一樣也剛從龍目島過來。龍目島上除了火山外，我去過的點他都去過了。就連 Senaru 的瀑布也是。對於林賈尼火山徒步，他說以前去摩洛哥爬過雪山，暫時對爬山興趣不高就沒去。看了我去瀑布的照片後，他很驚訝我竟然看到了猴子，他說他去時一隻都沒也碰到。幸好，他還額外去了一個滿山都是猴子的地方，也算補足了缺憾。Sven 跟我完全不同，他騎車的技術好得沒話說，整個龍目島他靠一台帥氣的野狼 125 就環了大半圈。從他身上我獲得的心得是人要帥氣，不僅要外表，就連行為舉止等也要相稱，才能達到真正的帥。

抵達龍目島之前，Sven 才剛玩完菲律賓，他說菲律賓非常棒，有很多遊客不多的小島，推薦我去。我問他 Gili Air 後要去哪裡，他說還是學生的他峇里島後要去泰國實習半年。我告訴他峇里島前，我才剛結束泰國。跟他推薦了大城、Limeleaf 與拉祜族的村子等地後。我們就聊起了當天的計劃，我說我剛從火山下來，整個人跟廢了一樣，全身發痛只想躺著一整天，一動也不動。Sven 建議我最好保持走動比較好。

「真假？痛成這樣繼續走路會比較好？」

「相信我。走一點路比妳一動都不動更好。」

於是我問他下午有什麼打算，他說要去浮潛，問我要不要一起？

「我不會游泳。」

「不會游泳！」

「對。不會。」

「似乎很多亞洲女孩子都不會游泳。」

「也許吧。台灣雖然四環海，但海上活動並沒有特別盛行。至於我，應該是特例吧。我從國小就有游泳課，除了國中，高中跟大學也都有。但很不幸地我就是沒有學會游泳。」

「為什麼？」

「說來慚愧，國小跟高中的游泳課，我們都可以選擇要不要下水。想當然爾不喜歡水的我肯定會選擇在泳池邊吃零食餅乾。到了大學，游泳成了必須，一定得會，不然無法拿到學分。於是我只好一直利用課後時間去練習，但還是只會打水而已。一天，我對於為什麼要學會游泳感到很生氣。就對老師說，不會游泳又怎樣，為什麼一定要學會游泳。體育老師說，妳知道地球上有70%是水嗎？我跟老師說我知道，但我只需要剩下的那30%就夠了，不行嗎？老師當場傻眼，覺得我沒救，哈哈。現在，我真的後悔了，我不應那樣愚蠢的。」

「噢！這我真的沒話說了。」

這時Eric回來了，Sven跟他問了Gili Air島上去哪裡潛水最好。Eric就著貼在牆上的地圖跟Sven圈了幾個沿海的點後，他就去煮了先前答應要給我的咖啡。老實說過了那麼久，我對咖啡已經毫無指望，想不到他還記得。雖是即溶咖啡，但在 Gili Air 那種地方，有得喝就已萬幸。過了一陣子，又一個人加入我們，那就是 Simon。Simon 三十一歲跟 Sven 一樣也是德國人，我跟他們說一路上也遇到太多德國人了，林賈尼火山上也滿路都是德國人。「沒辦法，現在是德國人放假的時間。」Sven 說。Simon 跟 Sven 對浮潛潛水都很有興趣，兩人針對那話題進行了熱烈的討論，還約好要一起去進行。對於這兩項，我是有心無力，暗自後悔不已。我跟他們說，回澳洲後等夏天來時，我一定要學會游泳。

Simon 是心理醫生，正在進行一段長達十個月的旅行。預計玩印尼、泰國、緬甸等東南亞國家，後再到澳洲、紐西蘭與智利。等到炎熱稍微退掉一些後，Sven 跟 Simon 決定要到離 Begadan Backpackers 最近的一個浮潛點去浮潛。兩人跟 Eric 租了浮潛面具就準備出發。「嘿！一起去吧。」Sven 對我說。「可我又不會游泳，去幹嘛。且腳又很痛。」我回。「在海邊坐坐看看海也好，不然喝個飲料，或看書什麼的都可以呀。」他說。「說的也是。就一起去吧。」旅行中常常就那般，很多事情都是隨意興起。就那樣，Sven、Simon 跟我走到了 Begadan Backpackers 外面的日落大道後，往右手邊的潛水點散步而去。路途中不時看到浮淺面具出租店。Simon 說他考慮要買一副自己的面具。我建議他如果很常浮潛，有自己的面具比較方便也較划算。

往潛水點的路是一條沿海的漂亮沙子小路，路上偶爾有腳踏車與馬車經過。其中一種專為沙路跟沙灘所設計的大車輪腳踏車引起了我們的注意。同樣的車子我們在 Begadan Backpackers 的院子內也看過，不過我們三人都沒有騎過那種腳踏車。沙灘小路兩旁是一間又一間的餐廳、Villa 與 Bungalow。Sven 說照理 Gili Air 島上的人不是應該很多的嗎？怎麼我們一路走來都沒感受到。Simon 說也許因為我們在碼頭的對面吧，人群或許都聚集在碼頭那裡了。

我們走到了轉角的沙灘時，Sven 跟 Simon 說不然就那裡吧。他們問我要在哪裡等他們，我指著眼前的臨海咖啡廳。託我幫他們看管私人物品後，兩人就浮潛去了。兩人去浮潛期間，我突然想到不知道咖啡廳是否有 wifi，於是跟服務生問了一下。服務生說他們那裡沒有，但隔壁有。他向隔壁店打了招呼，就幫我問了 wifi 的密碼。我試著連上網路，但卻遲遲都連不上。最後甚至整個移到了隔壁店的吧台，卻還是都連不上網路。「Gili Air 的網路不好。」服務生說。「沒關係。不能上網我還可以看書。」我回。後來我才意識到，Gili Air 的網路真的弱不可言，以至於最後，除非有要事要處理，不然我已經放棄嘗試去連上網這件事。

邊喝著印尼特有的 Bintang 啤酒，我繼續保羅・索魯的《暗星薩伐旅》。保羅・索魯的這本書，是我去泰國前，待在伯斯期間去Fremantle一間叫New Edition的書店買到的。到澳洲後，其中一件讓我驚訝的事就是澳洲的英文書遠比母語非英文的台灣英文小說還貴。一次我問一間二手書店的老闆：「何以澳洲的書賣那麼貴？」他說很多人都問過他同樣的問題。當我在New Edition書店看到Penguin出的9.95澳幣的口袋書系列時非常開心。等我發現裡面竟然有保羅．索魯的《暗星薩伐旅》之際，我出現了天人交戰的狀態。就要出發去旅行了，但又遇到了價格跟內容都十分吸引我的書，這到底該怎麼辦？最後，我還是不敵書的魅力，於是在泰國、峇里島與龍目島的旅途中，才有《暗星薩伐旅》陪我打發時間。

《暗星薩伐旅》給我的最大震撼莫過於，慈善機構贊助非洲不但沒有幫助非洲變好，反而讓它變得更不如過往這事實。保羅．索魯在書中說，大多的慈善機構都僅是一種自我感覺良好罷了。幫助非洲的慈善機構，捐給非洲各種用途的款項達到前所未有的多，但卻未見非洲有任何改善，相反地，慈善機構的進入，讓非洲反而衍生出更多的問題。「非洲需要的不是慈善機構，也不是各種志工。他們需要的是自立自強。」保羅．索魯在書中如是說。其中更不堪的就是很多非洲政府為了能夠持續獲得國外的贊助捐款，特意讓自己的國家保持在貧窮與敗壞的狀態。綜觀整個非洲，饑荒最少的國家，也就是慈善團體最少的國家。

Sven與Simon在比我預期還要短的時間內就回到了岸上。我問他們浮潛如何？他們

說風太大，下午不適合浮潛，早上比較好，不過還是有看到一些魚。Sven 拍了些水裡照片，我問他拍到魚了沒有。他給我看照片，結果僅有 Simon 在鏡頭裡，小魚完全沒入鏡。他們說明天要再浮潛一次。

返回青年旅館的路上，Sven 說他沒吃午餐肚子餓了，回去後想找個地方吃飯。Simon 說要先洗澡。我推薦他們去吃 Begadan Backpackers 對面的 Warung。到青年旅館門口前，Simon 問晚上要不要一起看夕陽，說是 Begadan Backpackers 外面的沙灘正是 Gili Air 欣賞夕照的最佳之處。於是大家約好了看夕陽的時間後，就各自解散。從那天下午起，Sven，Simon 跟我就那樣形成了三人行隊伍在 Gili Air 上遊蕩。不過就像任何三人行最終都會走向破局一樣，我們三個最後也自然而然地分散了。Sven 去從事更多的潛水，Simon 去做瑜珈，我則始終無所事事。

三人行的 GILI AIR 小孩

迷幻蘑菇

去峇里島旅行前，朋友特別提醒峇里島的迷幻蘑菇非常有名，叫我有機會不訪一試。等我真正抵達峇里島時，我卻早已把朋友說過的話忘得一乾二淨。從峇里島至龍目島，迷幻蘑菇這幾個字始終都沒有浮現過在腦海中。一直到了 Gili Air 的第二晚，大家有如約好般同時間出現在 Begadan Backpackers 對面的 Warung 用餐。這奇妙的默契，之後就一直維持著，在 Gili Air 所有的用餐時間中，我從沒跟誰約好一起去用餐過，但一起待在 Begadan 跟我比較好的那群人，幾乎都會同一時間出現在 Warung 內，不管早餐、午餐還是晚餐。

一次在 Warung 用餐時，我們又認識了另兩位更年輕的德國人。新認識的兩位德國人，其一曾在烏布附近教英文兩年。他說出了烏布市區，景色便大為不同，一派鄉村風情，他頗為喜愛。聊到在峇里島與龍目島騎機車的經驗。Simon 說他完全不想嘗試。Sven 當然不用說，早就已是機車老手。新認識的德國人說他曾在峇里島發生過車禍，說是對方突然逆向衝出來，他閃避不及就發生了。「馬路上最危險的就是無知的背包客了，他們不熟悉當地交通方式，胡亂衝撞，且很多又是到了峇里島才首次騎機車。」新認識的德國人說他自

找一個安靜的角落，好好享受兩人的私人時光

己也是到峇里島後才首次騎機車。他頗為自豪地說，機車一騎上去就會了。

那兩位新認識的德國人，一天跟我們說他們要退房，去 Gili T 參加派對，隔天就會再回來。只想去體驗 Gili T 熱鬧氣氛的他們，並不打算訂旅館，而是想省錢睡沙灘。他們回來後，我們問他們派對好玩嗎？他們倆悶悶地說一點都不好玩。問為什麼？「沙灘派對上所有的女孩都被當地人團團包住了，那誇張的景象你們肯定難以想像。」我跟他們說，峇里島與龍目島的男人最喜歡外國女孩了，他們絕對不會錯過派對哪種良機親近女孩們的。他們跟我認識的其他國家的亞洲男人都不同，對女孩子不但熱情且攻勢強烈。

吃過晚餐，大家又回到 Begadan Backpackers 的陽台百無聊賴地待著。中間不時有人離開，有人加入，狹小的空間內，隨地而坐。有人跟 Mr. Santai 玩，也有人把掛在柱子上的吉他拿下來撥彈幾下，那是一種吃完飯後，無所事事的氛圍。Sven 說他跟 Simon 要去雷鬼酒吧喝幾杯，問我要不要一起？我想反正也沒事，去散個步也不錯。於是三人便決定立刻出發。Sven 想去的雷鬼酒吧在下午我們去浮潛的半路上。「待會，還會有另一個朋友加入我們。就是今天下午浮潛回來的路上，我們遇到的那個人。」Sven 下午曾跟那人在路邊小聊了一段時間。夜晚的 Gili Air 有著不輸澳洲的美麗星空，我們停在空曠的路中間抬頭觀望那數不清的光點。

「我只會認獵戶座腰帶的三顆星星，其他完全搞不清楚。」我說。

「有一種 App，可以辨認星座。可以下載來試看看。」Sven 建議。

「那個是 XXX，那個應該是 XXX。」Simon 看來是唯一懂得看星星的人，可惜他說的星座名稱我都無法跟中文對上。「說起來還真丟臉，我高中曾經參加過天文社，卻完全不會看星星。總之，就是無法發揮想像力，把這裡一顆，那裡一顆的星星連成一個大熊或小熊什麼的。」老實說，我自己已經想不起來當初為什麼要參加天文社了。我想絕對不是為了星星，期望發現外星人的機率或許比較大。

不久我們到了兩旁佈滿餐廳的路段。下午去浮潛經過同樣的路段時，我們以為餐廳沒有客人，是因為那時旅客都聚集在港口附近。但當晚上我們再次經過，發現所有的餐館還是同樣空蕩蕩時，就不得不對這奇特的現象起了疑問。「幹，這是什麼情況！餐廳竟然比客人還多，太荒謬了。」Sven 有感而發。「不是說，Gili Air 很熱門？照理說旅客應該很多。那些人都跑哪去了？下午跟現在都沒看到人。」我說。「不知道。也許旅客再多也多不過餐廳吧。這島上不是餐廳就是旅館。」Simon 說。「Sven 我們為什麼要特別去那個雷鬼酒吧？」我問。「別人推薦的，且偶爾聽一下雷鬼音樂也不錯。」

等我們抵達雷鬼酒吧時，Sven 的朋友已經等在那裡了。Sven 的朋友住在港口附近的青年旅館裡。他說那裡的網路很好（這在 Gili Air 來說是十分難得的優勢，因為幾乎整個島上的網路都很爛）。我在 Kuta Lombok 時，曾經想訂過那間青年旅館的床位，但客滿了。Sven 的朋友也是德國人，於是那晚就形成三個德國大男生跟一位台灣女生在雷鬼酒吧喝酒的組合。酒吧內除了我們，只有一組別的客人，非常冷清。「嘿，德國人可以不要那麼多嗎？」我說。「有什麼辦法，我們也不願意呀。」Sven 說。「在泰國時，我曾遇到滿山滿谷的法國人，想不到來到峇里島跟龍目島後，變成一堆德國人。」

我們挑了一張寬大到可以坐下四人的竹沙發椅臨海坐下。服務生問我們要喝什麼。

三個大男生都說大瓶 Bintang，就只有我點了小瓶 Bintang。「拜託，沒有人在喝小瓶 Bintang 的。且小瓶跟大瓶的才差一點錢。」Sven 對我說。「可是大瓶我一定喝不完。」我回。「還有我們三個人在，擔心什麼。」聽他這麼說於是我也點了大瓶的啤酒。晚上的 Gili Air 不同於白天的乾熱，帶著些微的涼風，十分舒適。隱藏在漆黑中的大海，以一波又波和緩的浪潮拍岸聲，告知我們它就在不遠處。喝著沁涼的 Bintang 啤酒，有好一陣子大家都不出聲，靜靜地享受著那異常慵懶愜意的夜晚。

最後忘了是如何聊到父母對子女獨自到外遠行的看法。我說我第一次出門當背包客獨自去旅行，約是四年前的事。那時我想去上海跟杭州，還有一些出門前未計劃好的點。總之，預計至少去旅行個一年，買了一張單程機票。可我媽知道了後，差點一哭二鬧三上吊，一直遊說親戚力勸我不要去。最後我照樣出發，但不過一個月就被我媽用柔情攻勢騙了回家。結果，等我回到家後，我媽根本懶得搭理我，害我後悔不已。Sven 說他父母年輕時就在非洲到處走動。對於他出來旅行他們很贊成。反而是他奶奶，擔心這，擔心那的，跟我媽很像。除了在歐洲四處跑外，Sven 之前還去了沙哈拉沙漠。Simon 說他父母是老師，本身也會去旅行，且鼓勵自己的小孩多出去走走。曾在智利唸書的 Simon，除了歐洲也去過一些中南美洲的國家。Sven 的朋友說除了他媽媽比較會擔心外，一切都還好。峇里島是他的首次亞洲之旅。我跟 Sven 說，像他這樣還是學生就多出來走動很不錯。若我二十二歲時也跟他現在一樣出門獨自旅行，肯定會不一樣。不過，二十二歲時我還一無所知。

三個大男生的啤酒很快就喝完了一輪，服務生再次送上新啤酒時，Sven 的朋友問了服務生他們的迷幻蘑菇多少錢？「十五萬印尼盾一杯。」服務生答。服務生走掉後，Sven 的朋友問 Sven 要不要試試。Sven 一臉猶豫，說再想想。於是大家又繼續喝酒聊天，分享了一些各自去泰國旅行時的心得。最後，Sven 的朋友似乎已經準備好要來嘗試迷幻蘑菇了，再次跟 Sven 確認他要不要。「我還是不了。」Sven 說。Simon 本來就沒有打算體驗迷幻蘑菇，而我雖萬分好奇，但平時是個連菸也不抽的人，不敢輕易體驗迷幻蘑菇，怕效果太強烈。最後真正點了迷幻蘑菇的就僅有 Sven 的朋友一人。

講到迷幻蘑菇，大家就順勢地聊起了各種毒品來。我跟三個大男生說，在泰國時我看到了鴉片。三人露出驚訝的神情，看來鴉片並非普遍的毒品。基本上，在背包客之中，大麻根本不會被歸類在毒品之內。大家抽大麻跟抽菸差不多。幾年前我去大理時，甚至路邊都有大麻樹。

「我的一位醫生朋友跟我說任何毒品都可以嘗試，但千萬別碰海洛因。」Sven 的朋友說。

「你有對於那一種毒品曾經上癮過嗎？」我問他。

「沒有。我雖然都會想要嘗試，但可一點都不想吸毒成癮。一成癮那基本上就毀了。」
「妳似乎對毒品很感興趣？」Sven對我說。
「我自己不會真的想要去嘗試毒品，但對於禁忌的事情難免好奇。我真正試過的只有大麻而已。另外，歐洲是不是很容易取得毒品，我前男友說他什麼都試過了。」
「非常容易。什麼東西都可以弄到手。」Sven的朋友說。
「我一直以為歐洲管制很嚴。想不到竟然那麼容易。」
Sven的朋友點的迷幻蘑菇送上來後，我們所看到的就僅是一杯鳳梨奶昔。
「迷幻蘑菇在哪裡？」
「已經跟果汁打在一起了。」
「慢慢喝，不要一口氣喝完。」服務生叮嚀。
Sven的朋友拿起了眼前看起來跟正常奶昔沒兩樣的飲料試喝了兩口。
「怎樣？」我問。
沒什麼感覺，Sven的朋友說完，把奶昔拿給我，叫我喝看看。我喝完後遞給了Sven，Sven再給Simon。就那樣，我們每個人都試了一下迷幻蘑菇的味道。老實說喝得出來有一點點不同的味道在裡面。但對我們三個僅喝一口的人來說，當然是一點效果也沒有。
那晚上，Sven的朋友，沒花多久的時間就把整杯迷幻蘑菇奶昔給喝完了。他剛喝完時，我們問他有沒有感覺。他說還沒有。但到了後來，他已經無法集中精神聽我們聊些什麼

我們有迷幻蘑菇

了。等我們準備離開雷鬼酒吧時，他整個人已經很進入狀態，連走路都歪歪的。「你這樣可以自己回旅館嗎？」我問他。「沒問題的。我還可以走路。」

於是，就那樣我們結束了雷鬼酒吧與迷幻蘑菇之夜。說到雷鬼酒吧，不得不說那真是一間讓人失望的酒吧。我們待在那裡大半的時間，他們都播著跟Gili Air島上其他酒吧跟咖啡廳沒兩樣的峇里島風情音樂。最後還是Sven受不了，去櫃檯說，拜託，你們好得也是間雷鬼酒吧，可以播點雷鬼音樂嗎？他們才換了音樂。

儘管雷鬼酒吧比較知名，但加我們一整晚也不過兩桌客人。正值旺季尚且如此冷清，完全不知道淡季的時候他們該怎麼辦。「員工都比客人多。」這是我們觀察下來的心得。說到迷幻蘑菇，老實說並沒有一定要到哪一間店才體驗得到。Gili Air 上到處都是，就連位於偏僻位置的 Begadan Backpackers 對面的酒吧也有。Begadan Backpackers 對面風格奇特的小酒吧，毫不隱諱，大辣辣地把「我們有迷幻蘑菇」的牌子掛在路旁。（英文還拼錯！）

寫到這，我得澄清本人並沒有任何鼓勵大家去嘗試毒品之意。這僅不過是旅途中故事的一部分，我只是照實記錄下來。

待在雷鬼酒吧的那晚，我對 Sven 十分佩服。想想他不過二十二歲，一個處於正對各種事物躍躍欲試的年紀，卻能夠理性地拒絕迷幻蘑菇體驗的邀請，我認為相當不容易。不但如此，Sven 連菸都沒抽。反而是看起來更注重身體健康 Simon 抽煙抽得不少。Simon 說他曾經戒菸好幾年，不過準備考試跟寫論文時，實在太煩躁了，於是又開始抽煙。

Gili Air 的第二晚，我跟 Sven 都從豪華多人房搬了出來，因為僅有一間，根本沒辦法連住兩晚以上，改到對面一間未完工僅地上擺滿了床墊的 Bungalow。最後發現，Sven, Simon 跟我，三人根本就是搬到同了一個房間，就連床墊都並排成一列。Begadan Backpackers 的客人多到應接不暇，後來我們連房內的床墊都沒得睡。體貼我是女孩子，Eric 還安排了陽台的床墊給我，Sven 跟 Simon 根本是直接搬到一個臨時偷搭蓋的大帳篷內去了。雖說如此，住宿更動與搬遷的不便，並沒有影響我們對於 Begadan Backpackers 的熱愛，大家都在那裡度過了非常快樂的時光。

GILI AIR 島上的夕陽

艷遇

保羅・索魯常說旅行書寫不可造假，不能誇大，且應把旅行中一些無關緊要的小細節也寫下來。如在等公車火車那漫長無聊的等待中旅人是怎麼打發時間，看什麼書的等等。身為保羅・索魯的忠實讀者，我常告誡自己要效法他。但不時我也會出現保羅・索魯真的會照實寫下一切嗎那樣的疑問。

從泰國到峇里島這一路以來的行程，我無不照實記錄了下來。那細密的程度已經到了有時自己都懷疑是否過度瑣碎的程度了。若非懷著保羅・索魯般認為無聊的細節也是旅行中相當重要的一部分，我肯定會三想下就寫完了吧我想。不過不管再怎麼想要跟讀者坦白，有些事情想要寫下來時還是會猶豫。那不單是因為好像過度私密，有時候亦是無法自我觀照。

基本上我自認沒什麼不可告人的秘密，相對來說就是個無聊的人，旅行中所發生的事只要我記得幾乎都會盡量把它記錄下來。

傍晚在沙灘上踢球的 GILI AIR 小孩們

不過寫到 Gili Air 之後，我卻遲遲無法替它做個結尾，儘管旅行回來都已經五個月了，下個月馬上又要開始新的旅行篇章，但 Gili Air 依然懸在那。做不做結尾都沒關係，我時常如此安慰自己。反正等新的旅行開始後，Gili Air 就會被拋諸腦後。然而，Gili Air 的日子對我來說之所以特別，除了 Begadan Backpackers、Jenny 與 Eric 這對情侶外，就屬 Sven、Simon 跟我交集最多。照我從泰國一路這樣寫下來的時間順序，中間若跳過了某一段重要的情節，我就卡住了。

到底是什麼讓我卡在 Gili Air 那麼久一直出不來，其實就是我在一篇跟 Gili Air 無關的文章中所寫過的：「旅途中的那些豔遇」。在那篇文章裡我說過朋友們總愛祝福我在旅途中有豔遇，但不知道是幸還是不幸，我老是遇到怪人怪事。但到底豔遇還是找上了我，且以始料未及的方式。回想起整個七月跟八月的旅行，硬要說跟誰最有可能發生豔遇，怎麼想也都是在 Limeleaf 遇到的 Mirco 。在清邁時我們聊了那麼多，彼此感到那樣地相似，還單獨住在同一個房間兩晚。不過，我們就僅是普通朋友。對於 Mirco 感覺上很像在不對的時間遇到了可能對的人。但他是不是真的那個對的人？我這輩子永遠也無法知道了，錯過了就錯過了。

假如人生可以重來（無意義的假設），在所有旅行中遇過的人裡選一個人來豔遇，我想我一定會選 Mirco ，毫不猶豫地。不過人生之所以好玩或有趣往往就在四個字，出乎預料。讓 Gili Air 文章卡關的是 Simon，不是帥氣的 Sven 也不是顧櫃檯的 Eric，而是 Simon，一個怎麼也預料不到的人。到底故事何以往另一個方向發展？記得一開始 Sven，Simon 跟我，我們這三人行可以說是暢行無阻，和樂融融。

有人說，真正會讓人生轉向的往往都是在一些你未曾注意到的小事上，或一些看似無關緊要的時刻裡。讓 Sven，Simon 跟我，三人轉向的事也是如此，一切都從一個傍晚開始，吃飯時間已到，而 Sven 卻仍不見蹤影。

先前提到，在 Gili Air，儘管我們三人比較要好，卻也從未約過要一起去青年旅館對面的 Warung 吃飯，但每到了吃飯時間，三人卻總能有默契地出現在餐館內。且不僅我們如此，其他跟我們比較好的人也是。不過，一個普通的傍晚不知道為什麼 Warung 內十分冷清，我去到那裡時就只看到 Simon 獨自坐在那。不久後才看到 Eric 帶了新的女房客在我們隔壁桌坐下，但從頭到尾，Sven 那晚都消失了。

Simon 跟我如常地吃完飯後，就往對面的 Begadan Backpackers 走回去。不到一分鐘我們就抵達了 Begadan Backpackers 門口，正當我準備回房間時，Simon 開口問我要不要去海邊走走？我想反正也沒事，且海邊離青年旅館也不過三分鐘的路程。何樂而不為？可那時我萬萬想不到這般再正常不過對話，竟會開啟後續之事。

不是說若你不想外遇或者跟對方有任何進一步的關係，最好拒絕掉對方的咖啡邀約。因為，起初看起來僅不過是一杯咖啡的事，後來很可能會演變成超過咖啡之外的事。在清邁我跟 Mirco 都不知道咖啡喝了多少杯了也沒事，以前在大理風花雪月啤酒也不知道跟同路人喝了多少杯了不也沒事。誰知道最後跟 Simon 去海邊喝個茶會有事（竟然還不是喝酒精飲料！）。

在海邊散步了一陣子後，Simon 跟我找了間臨海的咖啡店坐下來。畢竟總不能走到天荒地老，還有日落大道上的每間店都是臨海的咖啡店兼酒吧呀。兩個人單獨相處，跟三個人一起聊天的內容完全是兩回事。三個人一起時，多少都要顧及到話題是否三個人都可以共同加入，主要聊大多都是一些自己的旅行經驗、觀察到的現象，或是將來的旅行計畫等。兩個人相較起來很容易進入更私人的話題，自己的心理問題，感情問題，家庭問題等等，盡是一些無形中會拉近彼此關係的話題。像在清邁時就跟 Mirco 聊了一些有的沒有的事。

那晚當我跟 Simon 喝茶喝到咖啡店都等著我們結帳打烊時，我們已經不知道聊了多少話題，簡而言之，就是對彼此的了解突然大進一步。不過，咖啡店都打烊了，也差不多是該回青旅睡覺的時間了。哪知道就在我們差不多快走到 Begadan Backpackers 巷子的轉角處時，Simon 突然興起了看星星的念頭。而就是這一念之差，我們兩個人的關係才開始有了轉變，連帶地之後跟 Sven 的關係也變了。自從那晚單獨跟 Simon 吃飯、喝茶與看星星後，Sven 就越來越少出現在我們的視線範圍之內，時常不見蹤影。最後，我們的三人行就那般漸漸散場。

當我跟 Simon 越走越近，Sven 跟來自英國的 Artem 相處的時間也隨之增加。說到

Artem，不得不提一下，他之所以跟 Sven 的互動增加不是沒道理的。Artem 跟 Sven 一樣都熱愛拍照，且技術更高一層。我第一次遇到他時是在我們常去的 Warung，那時他跟 Sven 坐在那裡吃午餐，他們剛一起潛水回來。Artem 是個環保人士，堅持不買車，在英國時都以腳踏車當交通工具。他的旅行沒有時間限制，想要在 Gili Air 拿到潛水教練的執照。

最後當我跟 Simon 搬離 Begadan Backpackers 時也都沒有見到 Sven。他總是很忙碌，不是跟誰去拍照去了，就是跟誰去潛水，不然我也不知道，總之，大部份時間都消失了。搬離 Begadan Backpackers 後，我們有時也會回去那裡，但都沒有再碰到 Sven。我始終覺得沒有跟 Sven 說到再見是一件很可惜的事。怎麼說他也是一開始跟我們一起行動的人，且我一直都認為他是難得的好青年，將來大有可為。緣份是一件很奇妙的事，這句話聽起來儘管老套，卻千真萬確。離開 Gili Air 那天，我一個人去碼頭坐船回峇里島，遠遠地我就看到 Sven 在排隊的人群裡。我快速朝他跑過去跟他打招呼。

Sven 跟我一樣也是要去峇里島，我想難得再見面，於是立馬就跟他說了我認為他是年輕有為的好青年的心得。Sven 卻說他也不是那麼年輕的好嗎？果然，他那人還是老樣子，不喜歡被我說他年輕。我問 Sven 不見蹤影的那些時間都去做了些什麼？他說一天他參加了一個中間有停留 Gili Meno 的整天浮潛行程。Gili Meno 如何我問？畢竟那是吉利群島三個島中，一開始我最想去的地方。一天我甚至想搭船去那裡，可惜錯過了早上唯一的船班，那時若改搭下午的船去又太晚了，以至於我始終沒踏入過 Gili Meno 那個起初我最想去的小島。

Sven 說跟 Gili Air 差不多，但更無聊，到處都是情侶檔跟夫妻，受不了。Sven 先前就已抱怨過 Gili Air 上哪裡都是雙雙入對的問題了。當他那麼說時，不知道他是否也因後來我跟 Simon 走得更近了，他才故意疏遠我們的念頭忍不住在我心頭浮起。上船後，稍稍聊了一下各自到峇里島後的打算後，我們的話題就打住。Sven 說他想睡一下，而我想那確實是最好的選擇。至於 Simon 跟我的事，那是我們自己的事了。我若不開口，Sven 也不會自己問。感情這種事情，除了當事人真的沒什麼好說的。其實，當天 Simon 跟我們兩人一樣也都要離開 Gili Air，只不過他是下午的船去龍目島。

在 Gili Air 後半的日子，我跟 Simon 一起，Sven 跟 Artem 一起行動。哪知當我們都要離開 Gili Air 時，竟來個大逆轉。Sven 跟我一起回了峇里島，而 Simon 則跟 Artem 一起去龍目島。Simon 與 Artem 參加了一趟四天的海上航行之旅，一路從科莫多島(Komodo) 漂到 Flores 去。Sven 跟一間不怎麼可靠的旅遊公司訂了去峇里島跟藍夢島

(Lembongan) 的船票。訂票時對方跟他說他付的船資已經包含了兩段船票的金額。但等我們到了峇里島後，船公司卻說他的票只到峇里島而已。為此，Sven 被搞得頭昏腦脹。而我想要幫也無法，因為一下船我就得跟著接船的人走，去搭接駁車出發到我的下個目的地。

如此那般，在人群的推擠跟混亂之下，Sven 跟我莫名地又再見也來不及說就再次分開。之後，Sven、Simon 跟我都各自走向不同的路，我回澳洲繼續打工度假，Sven 照先前說的去泰國實習，Simon 則繼續他十個月的旅行。回到澳洲不久，朋友出發去峇里島跟龍目島玩，我把自己跑的行程推薦給她。她到了 Gili Air 後問我有沒有想念 Simon？我說還好，跟 Simon 在一起的時候很快樂，沒有任何遺憾。對於沒有遺憾的人跟事，我們是不會一直念念不忘的。

真正讓人覺得可惜的都是那些來不及發生的，例如：Mirco。

到底為何是 Simon 而不是 Mirco？我想那就是人生，遇到 Mirco 的時機不對，就那麼簡單。遇到 Simon 時，我們都單身，我剛經歷了跟男友分手，火山徒步的九死一生（誇飾法）與錯過 Mirco 的遺憾，覺得人生也就不過那樣，既不能勉強誰也不能全盤照自己的意願走，唯一的解決辦法就是順其自然。

在Gili Air的狀態也許是我人生最放鬆的一段日子，沒有特別要做的事情，加上Gili Air又小，身體也處於極端疲勞等待修復的狀態，常常一天也沒做出一件可以叫得出名號的事就過去了。

假如你想要知道我的豔遇故事，吶，這就是了。如果你說，什麼，很普通嘛！

Mais, C'est la vie! N'est-ce pas?（但，這就是人生，不是嗎？）

輕旅遊 002

開往龍目島的慢船

作　　者　吳文捷
編　　輯　陳薇帆
封面設計　尤洞豆
內文排版　尤洞豆

發 行 人　顧忠華
總 經 理　張靖峰
出　　版　沐風文化出版有限公司
地 址：100 台北市中正區泉州街 9 號 3 樓
電 話：(02) 2301-6364
傳 真：(02) 2301-9641
讀者信箱：mufonebooks@gmail.com
沐風文化粉絲頁：https://www.facebook.com/mufonebooks

總 經 銷　紅螞蟻圖書有限公司
地 址：114 台北市內湖區舊宗路 2 段 121 巷 19 號
電 話：(02) 2795-3656
傳 真：(02) 2795-4100
服務信箱：red0511@ms51.hinet.net

印　　製　龍虎電腦排版股份有限公司
出版日期　2018 年 6 月初版一刷
定　　價　360 元
書　　號　MT002
I S B N　978-986-95952-2-3（平裝）

國家圖書館出版品預行編目資料 CIP

開往龍目島的慢船 / 吳文捷作 .
-- 初版 . -- 臺北市 :
沐風文化 , 2018.06
面 ;　公分 . -- (輕旅遊 ; 2)
ISBN 978-986-95952-2-3(平裝)
1. 自助旅行 2. 印尼龍目島
739.639　　107007113